新しい手形・小切手法

牧瀬 義博 著

信 山 社

は じ め に

　著者は，先に，『通貨の法律原理』を発表したが，その続編として今回『新しい手形・小切手法』を発表することとなった。

　本書のタイトルが「新しい」となっているのは，本書が，従来の手形・小切手法の教科書と異なり，形式的にも，内容的にも，新しいところが多いということである。

　まずその第1点は，手形・小切手法の解説の前に民法の基礎理論を置いたことである。

　残念なことに，わが国では，民法において，所有権移転のための理論が十分議論されていない。したがって，物権変動に関してなぜ無因・有因の問題が存在するのかが理解されていない。そのため，手形・小切手の無因・有因の問題に関しても，今まで，それを理論的に説明されたことはなかった。

　この意味で，民法の物権変動の理論を説明する必要がある。

　ところで，民法の物権変動の理論を説明するためには，民法の2つの基本問題を明らかにする必要がある。

　まず，「物」とは何かということである。

　民法は，取引の客体を有体物に限定しているため（同85条），無体物，権利は民法の外に置かれ，民法では，権利とは何かということを教える機会はなくなってしまった。

　したがって，権利についても，これを民法の中にいれて説明する必要がある。

　次に，法律行為の概念である。

　法律行為については，一方的法律行為，双方的法律行為，合同的法律行為のあることを思い出さなくてはならない。

　これらの法律行為に共通なことは，いずれも，債務負担の意思表示であるということである。

はじめに

そして，この一方的法律行為が手形行為になるのである。

ところで，民法は，どうしたことか，民法を立法するときに，債権本位に民法が構成された。しかし，世界の民法は，筆者の知る限りでは，いずれも債務本位となっている。

したがって，未だ，民法の法律行為の効果が債務負担の意思表示に従って債務が発生するということが説明されていない。

しかも，物権変動を債権本位の理論で説明することは不可能で，債務本位の理論にしたがって説明されなければならない。

これらを考慮し，手形・小切手の説明の前に民法の基礎理論を説明することにしたのである。

次に，新しいことは，手形などの有価証券がどのような方法で作成されるかということを説明することにした。

それは，まず，有価証券の「有価」（Wert）ということがどのような内容であるかという説明である。

そして，有価証券（das Wertpapier）という言葉は，しばしば使われるのであるが，その意味について説明したものは存在しない。

さらに，手形は，手形上の権利を表章する有価証券であるといわれているが，権利がどのようにして紙片に化体するのか説明されていない。

したがって，この部分についてなされた説明は新しい説明であると言うことができる。

また，手形行為が無因であっても，法律上の原因，すなわち，実質上の法律関係が存在が必要であり，この実質上の法律関係が存在しないとき，手形の取得は不当利得になることを明らかにした。

さらに，「裏書の連続によりその権利を証明するとき」に関し，手形法16条2項は，裏書の連続のある手形の所持人を「適法ナ所持人ト看做ス」と規定しているが，判例・通説は，これを「推定する」と解している。

しかし，本書では，これを文字通り，「看做ス」と解釈した。

このようにして，手形・小切手を研究するについて，未だ，解決しなけれ

はじめに

ばならない民法上の多くの問題がある。したがって，これらの準備作業を終了してから手形・小切手法の研究に入りたいと考える。

そして，第1部では，民法の基礎理論を説明することとし，第2部では，手形・小切手法（総論）について，第3部では，約束手形・為替手形，小切手（各論）について，それぞれ説明し，第4部では，現在，わが国で，まだ，かなりの信奉者のある，前田庸『手形法・小切手法入門』による債務負担行為は無因，手形権利移転行為は有因という見解について批判したい。

なお，新しい見解は，しばしば，誤ることもあるが，問題を提起したということで一般のご理解を得たいと考えている。

本書を世に出すについて，畏友中島敏氏，春田囶典氏の御校閲を得たことをここに記し，感謝の意を表したい。

また，信山社社長　今井貴氏の何時も変わらぬご厚意と熱意について深く感謝する次第である。同氏の御厚意なくして本書は世に出ることはなかったであろう。

平成16年3月3日
吉祥寺にて
著者

目　次

はじめに

I　民法の基礎理論

第1章　民法の3個の要素 …………………………………………………1
§1　人 ……………………………………………………………………1
§2　物 ……………………………………………………………………1
　　1　有体物 ……………………………………………………………2
　　2　無体物 ……………………………………………………………2
　　3　権利 ………………………………………………………………3
　　4　通貨 ………………………………………………………………3
§3　法律行為 ……………………………………………………………4
　　1　法律行為の定義 …………………………………………………4
　　2　法律行為の効果 …………………………………………………4
　　3　法律行為の種類 …………………………………………………5

第2章　所有権の譲渡と無因・有因の関係 ……………………………7
§1　所有権移転のメカニズム …………………………………………7
§2　動産の所有権の移転 ………………………………………………7
　　1　売買契約が必要 …………………………………………………8
　　2　ダイヤの所有権の移転方法 ……………………………………8
　　3　ダイヤの売買契約により売主に生じた債務の効果 …………8
　　4　無因性理論の誕生 ………………………………………………9
　　5　有因性の理論の誕生 ……………………………………………10
§3　金銭債権の移転 ……………………………………………………13

vii

目　次

  1　ドイツ法（無因性）……………………………14
  2　フランス法（有因性）…………………………16
  3　日本法（有因性）………………………………17
 §4　金銭債権の証券化…………………………………19
  1　指　図　債　権…………………………………19
  2　記名式所持人払債権……………………………20
  3　無 記 名 債 権……………………………………20

Ⅱ　手形・小切手法（総論）

第1章　為替手形・約束手形・小切手の小史……23
 §1　為　替　手　形……………………………………24
  1　為替手形の発生の原因…………………………24
  2　日　　　本………………………………………26
  3　アムステルダム銀行の設立……………………27
 §2　約　束　手　形……………………………………28
  1　約束証券（Promissory Note）の誕生…………28
  2　約束証券の流通性の取得………………………29
  3　兌換銀行券の発生………………………………29
 §3　小　　切　　手……………………………………29
 §4　手形・小切手に関する国際条約…………………31

第2章　約束手形・為替手形・小切手（総論）……32
 §1　有価証券の概念……………………………………32
  1　「有価」の意味…………………………………32
  2　権利を含む紙片の意味…………………………33
 §2　手形行為の概念……………………………………39
  1　手形行為の定義…………………………………40

2　手形行為独立の原則 …………………………………………41
　　　3　手形行為の無因性 ……………………………………………41
　§3　約束手形の振出・裏書・支払の法的性質 …………………………43
　　　1　振　　出 ………………………………………………………43
　　　2　裏　　書 ………………………………………………………47
　　　3　支　　払 ………………………………………………………49
　§4　為替手形の振出・引受・裏書・保証・参加について …………50
　　　1　振　　出 ………………………………………………………50
　　　2　引　　受 ………………………………………………………51
　　　3　裏　　書 ………………………………………………………51
　　　4　保　　証 ………………………………………………………53
　　　5　参　　加 ………………………………………………………53
　§5　小切手の振出 ……………………………………………………53
　　　1　小切手の振出の条件 …………………………………………54
　　　2　小切手の法律的性質 …………………………………………54

Ⅲ　約束手形・為替手形・小切手（各論）

第1章　約束手形 ……………………………………………………59
　§1　約束手形の振出，裏書，支払 …………………………………59
　　　1　振　　出 ………………………………………………………59
　　　2　裏　　書 ………………………………………………………63
　　　3　支　　払 ………………………………………………………66
　§2　約束手形の振出，裏書，支払に関する諸問題 ………………77
　　　1　振　　出 ………………………………………………………78
　　　2　裏　　書 ………………………………………………………90
　　　3　手形保証 ………………………………………………………102

       4 支　　払 ……………………………………………………105
       5 支払の手続 …………………………………………………113
       6 遡　　求 ……………………………………………………123
       7 公示催告と除権判決 ………………………………………130
       8 時　　効 ……………………………………………………132
       9 利得償還請求権 ……………………………………………133
      10 手形の取引 …………………………………………………137

第2章　為替手形の特殊性 ……………………………………………142
 §1　為替手形の概要 ……………………………………………………143
 §2　振出の法的性質 ……………………………………………………144
    1 創　造　説 …………………………………………………144
    2 支払指図説 …………………………………………………147
    3 支払の委託を受取人に対する授権であるという見解 …………149
    4 為替手形には，支払受領権限のほか，振出人の効果意思を
       基礎とする償還請求権も表章されているという見解 …………150
 §3　為替手形の振出の要件 ……………………………………………151
    1 為替手形の作成（創造）……………………………………151
    2 為替手形の引渡 ……………………………………………153
 §4　裏　　書 ……………………………………………………………154
 §5　引　　受 ……………………………………………………………154
    1 引受の呈示をする者 ………………………………………155
    2 呈示の時期 …………………………………………………155
    3 呈示の場所 …………………………………………………155
    4 期　　間 ……………………………………………………156
    5 方　　式 ……………………………………………………156
    6 引受日の記載 ………………………………………………157
    7 引受人と支払人 ……………………………………………158

　　　　8　引受の記載の抹消 …………………………………………158
　　　　9　引受の効果 …………………………………………………159
　　§6　参加引受 …………………………………………………………159
　　　　1　要　　件 ……………………………………………………159
　　　　2　当　事　者 …………………………………………………160
　　　　3　方　　式 ……………………………………………………160
　　　　4　効　　果 ……………………………………………………160
　　§7　遡　　求 …………………………………………………………161
　　　　1　当　事　者 …………………………………………………161
　　　　2　遡　求　原　因 ……………………………………………161
　　　　3　遡求の通知 …………………………………………………162
　　　　4　一部引受のときの遡求 ……………………………………162
　　§8　複　　本 …………………………………………………………162
　　　　1　複本の名称 …………………………………………………162
　　　　2　複本作成手続 ………………………………………………163
　　　　3　複本の同一性と番号 ………………………………………163
　　　　4　複本の効力 …………………………………………………163

第3章　小切手の特殊性 …………………………………………164
　§1　振出の概念 ……………………………………………………165
　§2　振出の法理論 …………………………………………………166
　　　1　振出と有価証券性 …………………………………………166
　　　2　振出の制限 …………………………………………………167
　§3　振　出　行　為 ………………………………………………169
　　　1　小切手能力 …………………………………………………169
　　　2　小切手の作成（創造）……………………………………170
　§4　譲　　渡 ………………………………………………………173
　　　1　小切手に記載される譲渡の方法 …………………………173

目　　次

  2　譲渡の方法 …………………………………………………… 174
  3　裏　　書 ……………………………………………………… 174
  4　裏書の効力 …………………………………………………… 174
  5　善意取得 ……………………………………………………… 175
 §5　小切手保証および支払保証 ……………………………………… 175
  1　小切手保証 …………………………………………………… 175
  2　支払保証 ……………………………………………………… 175
 §6　支　　払 …………………………………………………………… 176
  1　支払呈示の効力 ……………………………………………… 177
  2　支払委託の取消 ……………………………………………… 178
  3　線引小切手 …………………………………………………… 178
  4　遡　　求 ……………………………………………………… 180
  5　利得償還請求権 ……………………………………………… 181

（Annexe）
前田庸「手形法・小切手法入門」を批判する …………………… 183
  1　前　田　説 …………………………………………………… 183
  2　上記見解の批判 ……………………………………………… 184
  3　無因の本質 …………………………………………………… 184
  4　有因の本質 …………………………………………………… 186
  5　不当利得と無因性 …………………………………………… 187
  6　不当利得と有因性 …………………………………………… 187
  7　前田説の欠陥 ………………………………………………… 188

文　献　目　録 …………………………………………………………… 191
事　項　索　引 …………………………………………………………… 193

I　民法の基礎理論

　民法は,「人が生活するに必要な物資を取得するための法律である」と定義することができる（牧瀬義博『新しい民法』1992年, 信山社, 6頁。以下,「牧瀬・新しい民法」と略称する）。

第1章　民法の3個の要素

　この定義には,「人」,「物資」,「取得する」という3個の要素が含まれている。この3個の要素は, 民法第1編　総則に規定している「人」,「物」,「法律行為」にほかならない。
　このようにして, 民法では, あらゆる出来事を3個の部分に分類するという三分法が非常に有効で, 三分法を利用することによって物事を容易に理解することができるばかりでなく, 暗記するエネルギーを節約することができる。したがって, 常に, この三分法を忘れてはならない。

§1　人

　人には, 自然人, 法人, 権利能力なき社団がある。

§2　物

　民法は,「本法ニ於テ物トハ有体物ヲ謂フ」（85条）と規定している。

I 民法の基礎理論

しかし,現実には,無体物,権利も存在している。したがって,民法の規定する物を有体物に限定するのは狭すぎるということである。

ここで,三分法を用いて物を有体物,無体物,権利に分類することにしたい。

(ドイツ民法も「物とは有体物をいう」と規定しているにも拘らず,判例も学説もこの三分法を認めている)。

アリストテレスの哲学

物は,実質(素材)と形相(形)から構成される。

材木はその用途により形がある。この形は,素材ではなく,無体的なものであり,したがって,無体的なものも有体物の一部であるということとなり,ここから無体的な存在を考えることができると結論した。

ローマ法以来,物は,有体物,無体物,相続権のような権利であると考えられてきた。ドイツ民法における物の三分法はローマ法に従うものである。

---

1 有 体 物

有体物は,空間を支配し,目で見ることができ,手で触れる物である。

手形,小切手は,紙でできていることを考えると,紙でできている手形,小切手は有体物である。

2 無 体 物

無体物とは,実体の無い物で,感覚的に把握することのできない物である。

電気,原子力,などは無体物である。手形・小切手は,それ自体,売買の目的となるが,その内容はマネーの支払請求権であって,無体的であり,したがって,手形・小切手は実質的には無体物に属する。

3 権　　利

権利は，法律上の観念であって，有体的存在を持たない。

所有権，物権，債権，著作権などの知的財産，手形・小切手のマネーの支払請求権はすべて権利である。

4 通　　貨

通貨には，金属通貨，日本銀行券，記帳通貨がある。

(1) 金属通貨

金貨，銀貨，銅貨，ニッケル貨である。

現在，通貨制度が，金本位制を離脱して変動相場制に移行したため，主たる通貨としての金貨，銀貨などはなくなり，日本銀行券が主たる通貨となり，いま使用されている金属通貨（500円，100円，50円，10円，5円，1円）は補助通貨である。

強制通用力があり，これを使用するとき相手の同意を必要としない。

(2) 日本銀行券

日本銀行が発行する紙幣で，「公私一切の取引に使用される」ということで，したがって，強制通用力があり，使用に際し，相手の同意を必要としない。

(3) 記帳通貨

現在，銀行に預けた預金で公共料金，税金，ローン，商取引の債務の支払いなどをすることができる。

そして，銀行預金を作る方法として，現金を直接銀行に預ける，他の銀行から振替え入金する，顧客が銀行と金銭消費貸借をして銀行が顧客の口座に入金するなどの方法が考えられる。

このようにして，銀行預金は，現金と同じような役割を持ち，現在では，これは記帳通貨と称して，一般に，法律上，通貨として認められている。しかし，強制通用力を有しないためこれを使用して債務を決済するには債権者の同意を必要とする（牧瀬義博『通貨の法律原理』1992年，信山社，174頁以下）。

Ⅰ 民法の基礎理論

§3 法律行為

1 法律行為の定義

法律行為の定義は，一般に，「意思表示を要素とする法律要件事実」と解されている。しかし，これでは，いったい何のことかさっぱり分からない。

ここで，これを議論する余裕はない。したがって，簡単に結論だけを述べると，「債務負担の意思表示」ということである。債務負担の意思表示をすることによって，表意者は，表示した内容にしたがって債務を負担するということである（私的自治の原則）。その内容は，次の法律行為の効果のところで説明することにしたい。

2 法律行為の効果

今まで，法律行為の内容について説明したものはない。

ところで，法律行為によってその効果として債権が発生するのか，債務が発生するのか，あるいは，債権と債務が同時に発生するかという問題が存在する。

人の行為を考えると，人は自分の物を相手に渡すことはできるが，他人の物を相手の手を経ないで自分で持ってくることはできない。

したがって，自分の物を相手に渡すことを約束することはできるが，相手の物を自分のところに持ってくるよう命令することはできない。

すなわち，人は，義務を負担することはできるが，相手の同意なしに権利を取得することはできない。

民法は売買について，

「売買ハ当事者ノ一方カ或財産権ヲ相手方ニ移転スルコトヲ約シ相手方カ之ニ其代金ヲ払フコトヲ約スルニ因リテ其効力ヲ生ス」（555条）

と規定している。そして，この規定によると，

売主には財産権の移転義務，

買主には代金の支払義務

が定められている。

　したがって，買主の財産権の引渡請求権は，売主の財産権引渡義務から発生し，売主の代金請求権は，買主の代金支払義務から発生するということである。

　ドイツ民法は，

　　「債務関係の結果，債権者は，債務者に給付を請求する正当な権利を有する。給付は，また，不作為でも可能である。」(BGB241条)

と規定している。

　したがって，ドイツ民法は，債務が先で，そこから権利が流出してくるという見解である。

　この結果，法律行為の定義は「債務負担の意思表示」である。

3　法律行為の種類

法律行為には以下の3つの種類がある。
　(1)　一方的法律行為
　(2)　双方的法律行為
　(3)　合同的法律行為

(1)　一方的法律行為

　自己が，一方的に債務を負担するという一方的法律行為は，長らくの間，その存在が争われてきたが，近年になって認められるようになった。

　1）ゲルダート（Gerdart）は，一方的法律行為について，次の通り述べている。

　　「何人といえども，人は，その意思に反して利益を受け取ることを強制されない。贈与・遺贈は，受け取るべき人が拒絶したときその目的を達しない。しかしながら，ここに，一方的法律行為を双方的法律行為と区別する意味がある。もし，ある人が他人に，100ポンドを贈与することを約束したとき，相手がそれを知っていると否とにかかわらず，それは彼を拘束する。そして相手がそれを拒絶したとき，拘束から解放される。

5

しかし，約束した者は，拒絶されるまで相当の期間，拘束される。これが一方的法律行為である。」(*Introduction to English Law*, p. 115)。

2）ドイツ民法典は，しばしば，一方的法律行為（einseitiges Rechtsgeschäft）という用語を使用している。

3）フランス民法典の下において，100年も前から一方的法律行為について議論されてきたが，最近，これを認める見解が有力になってきた。

4）日本民法典の下においても，

　　承諾の期間のある申込はその期間

　　承諾の期間の定めのない申込は相当の期間

撤回できないと定めている。したがって，この間，一方的法律行為の存在が認められる。さらに，

　　「或行為ヲ為シタル者ニ一定ノ報酬ヲ与フヘキ旨ヲ広告シタル者ハ其行為ヲ為シタル者ニ対シテ其報酬ヲ与フル義務ヲ負フ」

と定めている（民法529条）。この規定も一方的法律行為である。

また，さらに，一方的法律行為の中に遺言も含まれる。

一方的法律行為がなされると，表意者は，その意思表示にしたがってその義務を履行しなければならない。

5）このようにして，一方的法律行為について説明するのは，後に述べる手形行為が一方的法律行為であるからである。

(2) 双方的法律行為

契約がその典型である。二当事者が，相互に，相手方に対して，債務を負担する意思表示をすることである。

手形・小切手の実質関係は，売買，請負，金銭消費貸借などの契約が多い。

(3) 合同法律行為

2人以上のものが，或る目的のために，共同して意思表示をすることである。

組合を設立するための合意，会社を設立するための合意は合同法律行為である。

手形・小切手の所持人が，満期に支払を受けることができないとき，手形債務者に対して遡求権を行使するが，手形債務者の責任は合同責任である。

第2章　所有権の譲渡と無因・有因の関係

§1　所有権移転のメカニズム

民法上，所有権の取得の法的なメカニズムが十分に説明されていないのはきわめて遺憾である。その理由は，次の通りである。
1. 民法上，物の概念を有体物に限定し，無体物，権利を除外しているからである。
2. 法律行為の研究が不十分で，法律行為の概念を，「意思表示を要素とする法律要件事実」というのみで，その法律効果について言及していないことである。
　法律行為の概念は，債務負担の意思表示であり，その効果は，意思表示にしたがった債務を負担するということを考慮していない。
3. 所有権の移転は債務者の履行行為である。したがって，日本民法典のように，債権民法（第3編　債権）では，これを説明することはできない。
4. 物権変動について無因・有因という問題のあることは知られている。
　しかし，これを論理的に説明した学説は存在しない。

したがって，次に，動産，債権の移転について，そして，ついで，債権の証券化について説明したい。

§2　動産の所有権の移転

動産の所有権移転について，事柄を簡単にするために，動産の代表として

I 民法の基礎理論

ダイヤ1個の所有権の移転を売買行為をモデルとして説明することにしたい。

1 売買契約が必要

ダイヤ1個を100万円で売買する契約は,

売主には,ダイヤを買主に引き渡す債務が発生し,

買主には,売主に代金100万円を支払う債務が発生する(民法555条)。

2 ダイヤの所有権の移転方法

ダイヤの所有権は,所有権を移転する意思表示のみで移転する。

「物権ノ設定及ヒ移転ハ当事者ノ意思表示ノミニ因リテ其効力ヲ生ス」(176条)。

ダイヤの所有権は,意思表示のみで移転するというのであるが,その他の方法も存在することを忘れてはならない。

いかにして所有権を移転するかという問題は,意思表示のみによるか,或いは,その他の方法によるか,いずれの方法が望ましいかという問題である。

3 ダイヤの売買契約により売主に生じた債務の効果

ダイヤの所有者が売買契約を締結し売主にダイヤの所有権と占有を買主に移転する債務を負担することになる。

ところで,売主の所有権を買主に移転する債務の効力であるが,契約は,契約当事者である売主と買主のみを拘束し,契約当事者以外の者に効力を及ぼさない。

したがって,売主の所有権を移転する債務の効力も,売主と買主の間でのみ効力を有し,相対的効力を有するということができる。

これに対して,譲渡の目的となる所有権は,目で見ることも,手に触ることもできない観念的存在で,無体物であるが,所有権そのものは,ダイヤを排他的に支配し,目的物を自由に,使用・収益・処分できる権能で,この権利は,すべての人に対して主張することのできる絶対的権利である。

ところで、ここで、相対的効力を有する債務の効力で、すべての人々に対して主張することのできる所有権という絶対的権利を移転することができるかという難しい問題に遭遇することになる（牧瀬・新しい民法148頁）。

4 無因性理論の誕生

所有権の移転を債務の効力から分離するという見解で、所有権の移転は債務の効力と無因であるということである。

(1) ローマ法の見解

ローマ法では、所有権は、身分・地位によってその内容が異なり、したがって、契約の効力によって所有権を移転することはできず、所有権の移転には、契約から独立した一定の儀式を伴う移転行為が必要であった。

したがって、ローマ法の下では、所有権の移転は、契約と独立した、契約とは無因の所有権を移転する独立の行為によらなければならなかった。

(2) ド イ ツ 法

ドイツ法は所有権と占有権を別々の体系とするローマ法を継受した。しかし、ドイツ固有のゲルマン法は、ゲヴェーレ法により、所有と占有は一致するという原則を採用していたため、所有権の移転に関しては、ローマ法に従うことができず、所有権と占有権を一致する制度を採用した。

そして、ドイツ法は、ローマ法と違った理由で、取引の安全のため、所有権移転に無因性を採用した。

すなわち、債務の効力により所有権を移転することを断念して、所有権移転を債務から独立させて無因とし、所有権の移転は、契約当事者のみならず、すべての第三者に対しても有効になされなければならないということで、所有権の移転には占有権の移転が伴わなければならないという制度を採用した。

このようにして、所有権の移転に占有権の移転を伴うということにすれば、契約の当事者のみならず、それ以外のすべての第三者も、占有権の移転を見ることによって所有権の移転を知ることができるというのである（取引の安全）。

Ⅰ　民法の基礎理論

そして，所有権の移転を確実にするため，所有権を移転する物権契約には，条件，期限を付すことができないと決められている。

このようにして，ダイヤの所有権は，意思表示のみでは移転せず，ダイヤの占有権を移転すること，すなわち，ダイヤを買主に引き渡すことによって移転することができるということになる。

(3)　ドイツ法と二重売買

契約は意思表示の交換であるから，売買の二重契約も可能である。しかし，所有権は常に１個であるから，その取得者は常に１人の買主である。

２個の契約のうち，履行されなかったほうの契約は，債務不履行によって処理される。

(4)　ドイツ法と不当利得

ドイツ法の下では，ダイヤの売買契約が詐欺で取り消され，錯誤で無効になったときでも，所有権の移転は，契約とは無因であるため，契約の効力の影響を受けず，有効で，買主は所有権を取得する。

しかし，売買契約が取消または無効のとき，買主の取得したダイヤの所有権は法律上の原因を欠くため不当利得となり，したがって，買主は，その取得した所有権を売主に返還しなければならない。

このようにして，ドイツ法の下では，所有権の移転に無因性を採用するため，原因となる契約の無効・取消のとき，正義の観点から不当な結果を正当に処理するため，不当利得制度の活躍する機会が多いということができる。

5　有因性の理論の誕生

所有権の移転は，契約の効力によって有因的に移転するという理論である。

所有権は，観念的な存在であるため，すべての第三者に対しても絶対的効力を有するにも拘らず，売買契約によって所有権が移転するという制度を採用することもできる。

(1)　フランス法

フランス古法では，ローマ法の影響を受け，所有権の移転には契約の外，

所有権を移転するための特別の合意が必要とされた。しかし，自然法学者の台頭により，人間の意思が重要であると考えられ，所有権の移転も当事者の合意のみでなされなければならないという気運が高まり，しだいに形式が省略されるようになってきた。

1）そして，ついに，フランス民法典では，所有権の移転は，意思表示のみでなされるという制度が採用された。

ダイヤの売買契約を締結すると，売主はダイヤの所有権と占有権を買主に移転する債務を負担する。

しかし，この契約だけでは，所有権を移転することはできない。したがって，この契約のほかに所有権を移転するための物権法上の合意が必要である。

ところで，売買契約の合意と，所有権を移転するための合意が存在するとき，いずれも，意思の交換という合意であって，契約法上の合意と，物権法上の合意を事実上，区別することができず，この両者の合意は，結局，混り合って一つとなり，契約の合意の中に物権法上の合意が含まれることになる。

したがって，売買契約を締結すると，その契約のなかに所有権を移転するという合意も含まれているのであって，売主がダイヤの所有権を買主に移転しなければならないという債務の結果，所有権が移転することになるのである。

このため，所有権は，意思表示のみによって移転するという法制度を採用したとき，所有権は，契約の効力によって，必然的に有因的に，直ちに移転するということになる。

なお，ここで注意しなければならないのは，契約で所有権の移転時期を決めたときは，その条項に従うことができる。

2）フランス法と所有権の相対的帰属

ダイヤの所有者が，まず，Aに対して100万円でダイヤを売却する契約を締結した後，さらに，Bに対して同じダイヤを150万円で売却する契約を締結したとき，この2個の契約はいずれも有効である。

そして，ダイヤの所有権は，それぞれの契約の効力として，AおよびBに

I 民法の基礎理論

相対的に帰属する。分かりやすく言うと，Aも，Bも，それぞれ，所有権を取得するというのである。

しかし，これをそのまま放置することはできない。所有権の帰属は，Aか，Bか，いずれかに決めなければならない。

この優劣を決める方法が占有という対抗要件である。

Aか，Bか，いずれか先に占有を取得した者が他の者に対して優先権を主張することができる。すなわち，占有を取得した者が，他の者に対して対抗することができるということで占有が対抗要件である。

3）フランス法と不当利得

フランス法の下では，所有権の移転は，契約と密接に結び付いていて，有因制を採用しているため，原因となる売買契約が無効・取消となったとき，所有権が移転する原因となった契約が存在しなくなったのであるから，所有権の移転もその影響を受け，所有権は元の所有者に遡及的に帰属する。

この場合，元の所有者は，不当利得によって所有権の回復を請求する必要はなく，契約が効力を喪失した瞬間，所有権は移転する理由がなくなったため，元の所有者に帰属する。

したがって，フランス法の下では，不当利得制度はそれほど重要ではない。

(2) 日　本　法

1）日本民法典は，すでに述べた通り，所有権は意思表示のみで移転することができると規定している（176条）。

したがって，ダイヤを100万円で売買する契約を締結したとき，

売主は，ダイヤの所有権と占有権を買主に移転する債務を負担する。

買主は，代金100万円に相当する通貨の所有権と占有権を売主に移転する債務を負担する。

そして，ダイヤの所有権を移転するための物権法上の合意は，売買契約の合意と渾然一体となって，売買契約の合意に含まれることになり，所有権は，契約の締結と同時に買主に移転する。

2）日本法と二重売買

AとBに，二重売買がなされたとき，ダイヤの所有権は，AとBに，それぞれ，相対的に帰属する。

　したがって，動産の場合，先に占有を取得した者が相手に対し優先権を取得し相手に対抗することができる。

　Aが先に占有を取得したときはAがBの所有権取得を否認することができる。

　なお，第三者の範囲であるが，対抗要件は衝突状態にある権利関係を解決するための制度であるから，第三者とは，その者の権利が自己の権利と衝突状態にある者ということができる。

　3）日本法と不当利得

　日本民法は，意思主義により物権変動に有因性を採用したため，所有権は契約の債務の効力により移転することとなる。したがって，物権の変動の原因となった契約が無効・取消，解除により消滅したときは，所有権の変動の根拠となった債務も消滅し所有権移転の理由もなくなったため，所有権は元の所有者に遡及的にもどることになる。

　ところが，所有権は観念的に元の所有者に戻ることになるが，占有は当然に復帰しない。

　したがって，日本民法の下では，契約が無効，取消，解除になった場合，所有権は復帰して不当利得にならないが，占有は復帰しないためここに不当利得が発生する。

§3　金銭債権の移転

　債務者が一定の金額を支払う旨を約束したとき，債務者はこの金額を支払う債務を負担することとなり，その結果，債権者は，一定の金額の支払を求める債権を取得する（債権は債務より生まれる）。

　ところで，金銭債権は，目で見ることも，手で触ることもできず，無体物であり，その譲渡については，動産と異なり，特別の配慮が必要である。

I　民法の基礎理論

　そして，金銭債権は，債権者の債務者に対する請求権で，債権者と債務者との間の法律関係のみ関係を有すると考えられてきた。しかし，債権は，1個の財産権であるから，権利として，債務者が債権者の権利を尊重しなければならないのは当然であるが，第三者が債権を権利としてこれを尊重しなければならないか否かについては債権の効力の相対的性格からその解答は明瞭でなかった。

　しかし，大審院は，

　　「債権も権利であり，権利の通有性として対世的効力を有し，第三者が
　　債権を侵害したとき，民法709条の権利侵害として不法行為になる」（大
　　判大正4・3・10刑集21輯279頁）

と判示した。

　次に，金銭債権の譲渡性について，これは誰も疑うものはいないが，その方法については，債務者の保護ばかりでなく，それ以外の第三者の保護についても考えなければならない。

　また，金銭債権の譲渡に関し，動産のときと同様に，無因の方法による譲渡と有因による譲渡がある。

1　ドイツ法（無因性）

　債権は，1個の有価物として譲渡することができる。

　債権を譲渡する原因として，売買，贈与，更改がある。しかし，ここでは，無因を説明するために売買を例にとって説明したい。

　まず，100万円の金銭債権を90万円で売買する場合である。この100万円の金銭債権は，いろいろな原因によって発生する。金銭消費貸借，売買，請負契約である。

　この100万円の金銭債権には，債権者と債務者が存在する。

　債権者が，自己の債権を90万円でAに売却することとし，債権者とAの間で，額面100万円の債権を90万円で売却する契約を締結した。

　その結果，

債権者には，Aに対して債権を譲渡する債務が発生し，

Aには，代金90万円を支払う債務が発生する。

したがって，債権者はAに対し債権を譲渡しなければならないが，債務の効力によって債権が移転するとなると，債務の効力は債権者とAとの間で相対的効力しか有しないため，対世的効力を有する債権を譲渡することができるかという問題に遭遇することになる。

したがって，ドイツ民法では，この困難な問題を回避するため，また，理論を一貫して，債務の効力と，債権自体を譲渡する契約とを分離し，債権自体の譲渡は，債権の売買契約と異なる債権を処分する契約（債権は物でないからこれを処分する契約を準物権契約という）を締結することとし，債権を処分する契約は，債権の売買契約とは独立で，無因とする制度を採用した。

このため，ドイツ法の下では，債権自体の譲渡行為は，債権者とAの間で有効に行われるばかりでなく，それ以外のすべての第三者に対する関係においても有効に行われるという観念の下に譲渡されるのである。

ところで，債権は，観念的な存在であるため，債権の譲渡について，債務者と，それ以外の第三者の保護を考える必要がある。

このため，ドイツ民法は，債務者と第三者を保護するため，つぎのような制度を定めている。

1）債権者の義務

債権者は，Aに対し，債権証書その他債権に関する文書を交付すること（この場合，第三者は，文書の移転により債権の移転を外部から知ることができる）。

2）債権者は，債務者に対し，債権をAに譲渡したことを通知する。

この通知は対抗要件ではなく，債権がAに譲渡されたことを通知し，債務者が二重払いをしないよう債務者を保護するためである。

3）このようにして，債権自体を譲渡する行為（準物権行為）が原因行為から無因である時，債権は，債権の売買の当事者間ばかりでなく，すべての人々との関係で，絶対的にAに帰属し，債権自体が複数の人に帰属すること

Ⅰ 民法の基礎理論

はない。

したがって，売主が複数の債権売買契約をしたとしても，債権はその内の1人に帰属し，その他の人々との売買契約は，債務不履行として解決しなければならないということである。

4）なお，この場合，債権譲渡禁止の特約は，契約上の問題ではなく，債権処分という準物権法上の問題であるから，特約をした当事者間のみならず，すべての人々に対して主張できる物権的な効力を有する。

2　フランス法（有因性）

フランス民法典は，売買による債権の譲渡を認めている（1689条）。学者はここから無償による債権の贈与も認めている。

(1) 債権の譲渡人と譲受人の関係

債権の譲渡人と譲受人の間で，債権を譲渡するという合意がなされたとき，債権は，この合意のみによってただちに譲受人に移転する。文書を作成したり，その他の手続をするというような形式は必要ない。

なお，フランス民法典は，譲渡債権者が，譲受人に対し債権証書などを交付するよう規定しているが，これらは債権が合意によって移転した結果であって，債権譲渡の必要要件ではない（ドイツ民法では必要要件）。

(2) 債務者の地位

債権譲渡は，債務者の同意を必要としない。したがって，債務者は，債権譲渡にたいして異議を述べることができず，いわば第三者というべき地位にある。

このため，債権の譲渡は，債務者に対して債権譲渡を通知したときに限り対抗できる。この通知は，執行官による送達または公証人の作成した債務者の承諾の公正証書によってすることができる。この行為は公示の原則に従うものである。

(3) その他の第三者の地位

1）債権の二重売買のときの第2の債権の譲受人

執行官による公正証書の送達または債務者の公正証書による承諾のないときは，第1の債権の譲受人は，債権の取得を以て対抗できない。

２）質権設定者

上記の対抗要件を具備しないときは，後順位の質権設定者に対抗できない。

３）債権譲渡人の債権者

債権譲渡人の債権者は，上記の手続を履行しないときは，債権譲渡人の債権は，自己の債務者である債権譲渡人の財産として止まっていると考えているからである。

この場合，債権譲渡人の債権者は，譲渡される前に譲渡される債権を差押（仮差押でもよい）をしなければならない。

3 日本法（有因性）

日本民法典は，第3編 債権，第1章 総則，第4節で「債権ノ譲渡」について規定している。

民法は，債権の譲渡に関して，債権の種類を「指名債権」，「指図債権」，「記名式持参人払債権」，「無記名債権」と区別している。

このうち，指名債権は，指名，すなわち，債権者が特定の氏名を持っているという意味である。いわゆる，金銭消費貸借債権，売買債権，など通常の債権で，まず，この指名債権から説明する。

民法は，

　「債権ハ之ヲ譲渡スコトヲ得但其性質カ之ヲ許ササルトキハ此限ニ在ラス」（466条）

と規定している。

したがって，民法の下では，原則として，債権に譲渡性が認められる（扶養請求権，譲渡禁止の特約のある債権は譲渡できない）。

(1) 債権の譲渡には，原因関係が必要で，法律上の原因がないと不当利得になる。

債権の譲渡には，通常，売買，贈与が考えられる。

Ⅰ 民法の基礎理論

　今，債権を売買するときのことを考えることにしたい。

　額面100万円，支払期日1年後，利息年15％の金銭債権を，現時点で，90万円で売買する契約がなされた。

　債権は有因性の理論により，直ちに債権者から譲受人に移転することとなる。債権の譲渡は合意のみで有効になされる。

　1）債務者の地位

　債権の譲渡に債務者の合意は必要ない。このため，債務者は，債権の譲渡を知らないで，元の債権者に弁済するという危険がある。そして，債務者が，通知のないまま元の債権者に債務を支払ったとき，債権の譲受人は，重ねて債務者に対し支払を請求することはできない。

　このような混乱を避けるため，債権の譲渡人は，債務者に対し，債権の譲受人を明らかにし，この者に債権を譲渡した旨を通知するか，あるいは，債務者の承諾が必要である。この通知は，通常，内容証明郵便でなされる（民法461条1項）。

　この通知または承諾により，債権の譲受人は，債務者に対して，自分が債権者であると主張できる。

　2）二重の債権譲受人の地位

　債権の売買契約は，意思の交換によってなされる。また，債権を譲渡する準物権的合意も，意思の交換のみでなされる。したがって，売買のための契約上の合意と，債権を譲渡する準物権法上の合意が渾然一体となって混じりあい，契約の効力に従って債権は移転する。

　したがって，有因性を採用する制度の下では，債権の二重売買の契約をすることも可能で，債権は，この2個の売買契約によって2人の譲受人に，それぞれ，相対的に帰属することになる。

　この権利の衝突を解決するのは確定日付の前後による。債権の譲渡人が，債務者になした債権譲渡の通知が内容証明郵便のときはその日付で，承諾が公証人役場で証明されたときはその日付の前後により，債権譲渡の通知を出した日の前後によるのではない。

3）債権譲渡人の債権者の地位

債権者は，債務者である債権譲渡人が資産である債権を第三者に譲渡するとき債務者の資産が減少し，自己の債権の支払を受けることが難しくなる。

したがって，債権者は，それを防ぐため，譲渡の前に債権を差押しなければならない。この場合，譲渡があったか否かは確定日付による。

§4 金銭債権の証券化

このようにして，金銭債権を譲渡するとき，種々，複雑な問題が生じる。したがって，金銭債権の流通を促進するため，金銭債権を証券化し，動産を譲渡するのと同じ方法によることが考えられた。動産を譲渡するには，合意と引渡（対抗要件）でなすことができ，債権譲渡の通知も承諾も必要ない。

民法は，すでに述べた指名債権のほか，指図債権，記名式所持人払債権，無記名債権について規定している。

したがって，ここでは，指名債権を除くその他の債権について説明する。

1 指図債権
(1) 指図債権の証書化

民法は，指図債権は証書化された債権であると規定している。

指図債権は，まず，債務から発生する。

債務者が，証書上に，「債権者に対して金100万円を支払うこと約束する」旨を記載することによって債権が発生する。この債権は，この証書のなかに一体化され，証書によって債権を表章することになる。

この債権が指図債権になるのは，債務者において，「債権者及びその指図した者に対して支払う」という旨を証書上に記載することによって行われる。

(2) 指図債権証書の効力

1）指図債権の譲渡の方法は，「其証書ニ譲渡ノ裏書ヲ為シテ之ヲ譲受人ニ交付スル」ことによってなされる。

I 民法の基礎理論

2) 証書の交付は，債務者その他の第三者に対する対抗要件である。

3) この方法によれば，指図債権証書は，動産の譲渡と同様に，有因性に従い，意思表示のみによって移転し，証書の交付は対抗要件である。

したがって，この場合，指図債権という権利の所在と対抗要件である証書の所在が異なり，取引の安全の保障が十分でない。

2 記名式所持人払債権

(1) 記名式所持人払債権の証書化

債務者が，証書に，「債権者Aに対して金100万円を支払う」旨を記載し，かつ，「証書の所持人に支払う」と記載したとき，この証書は，記名式所持人払証書となる。

すなわち，債務者が，「債権者Aに対して金100万円を支払う」と記載することによって債務者に金100万円の支払債務が発生し，その結果，Aはこの金100万円の債権を取得する。

そして，この債権は，この証書の中に一体として表章されている。

また，債務者が，証書の所持人に対し支払う旨を記載することによって，証書の所持人が債権者であるということになる。

(2) 記名式所持人払債権証書の譲渡方法

有因性に従い，意思表示のみによる。したがって，記名式持参人払債権証書の売買により，この証書の所有権は，観念的に相手に移転するが，証書は，対抗要件であるため，譲渡人の手元にあって，権利の所在と証書の所在が異なる。

したがって，この民法の規定では，取引の安全を保証することはできない。

3 無記名債権

(1) 無記名債権の証書化

債務者が，一定の金額を支払う旨を証書上に記載することによって債務が発生する。したがって，ここから債権が発生してこの債権はこの証書に一体

化されこの証書はこの債権を表章する。

(2) **無記名債権の譲渡**

民法は，無記名債権を動産と看做している（86条3項）。

したがって，無記名債権という権利は意思表示によって移転し，証書の交付は対抗要件にすぎない。

したがって，権利の所在と証書の所在が異なることがある。

取引の安全は十分保証されない。

したがって，これらの事情を考慮するとき，新たな有価証券理論が必要となるのである。

Ⅱ　手形・小切手法（総論）

　手形・小切手は，一定の金額の支払請求権を表章する有価証券であるが，経済的には，銀行に預託した記帳通貨を移転するための手段である。

　したがって，手形・小切手の研究は，まず，通貨の法律上の研究から始めなければならない。次に，通貨は経済社会の発生と共に使用されるようになり，そして，経済社会の発展と共に，通貨の使用範囲も次第に広がっていった。

　通貨の発展は，ルネッサンス以降，両替商の誕生と発展をもたらし，両替商の発展は，銀行制度の発展を促進した。

　このため，手形・小切手を理解するには，通貨と銀行制度の理解を欠かすことはできない。そして，通貨と銀行制度を理解するには，その長い歴史を知らなければならない。

　したがって，手形・小切手をより良く理解するために，金融制度の歴史を考慮しつつ，手形・小切手の発生と発展について説明することにしたい。

　ところで，手形には，為替手形と約束手形がありその起源は異なる。また，小切手は，現金の代用として使われるようになったため，銀行制度がかなり発達してから一般に使用され普及するようになった。したがって，為替手形，約束手形，小切手の順序でその起源と発展について説明することにしたい。

第1章　為替手形・約束手形・小切手の小史

　手形・小切手は，歴史上，為替手形，約束手形，小切手の順に発展してき

た。
　為替手形は，遠方の地に通貨を運搬するために考案されたものである。約束手形は，金貨，銀貨を預かった金銀商が預り証書として発行したものが，後に，流通性を取得したものである。小切手は，現金の代わりに使用されるようになったものである。これらの発生の歴史はまったく異なっている。
　したがって，まず，為替手形の説明から始める。

§1　為替手形

　まず，為替手形が発生した社会的環境について述べることにしたい。

1　為替手形の発生の原因

　それは，多くのキリスト教徒が，ヨーロッパから，十字軍として，キリスト教を守り，キリストの聖地イェルサレムを異邦人の手から取り返したいということで，東洋に向けて旅立つこととなった十字軍から始まる。
　第1回目の十字軍は，1095年に始まり，第2回（1147），第3回（1187），第4回（1202），第5回（1217），第6回（1239），第7回（1248）をへて，第8回目の十字軍（1270）でほぼ終了した。
　この十字軍の遠征のおかげで，人々がヨーロッパから東洋に旅行することになり，多くの国々を訪れ，新たな土地，多くの人々と産物を知り，ここに，西洋と東洋の交易が始まった。また，ヨーロッパでも，旅行が盛んになり，商品の交換も活発に行われるようになった。
　1252年，花と子供の天使をあしらったフローレンス金貨が発行され，この金貨がルネッサンスの始まりを告げた。
　このフローレンス金貨は品位が高く，信用が大きかったため，ヨーロッパ各地で流通した。
　この頃，12世紀末から13世紀末まで，ヨーロッパの至る所で定期市（foire）が開かれ，特に，北イタリアの定期市と，フランスのシャンパーニュ地方の

定期市が有名であった。ところで，定期市では，商人は，ヨーロッパのいたるところから様々な種類の金貨を持ってきた。

　したがって，定期市では多くの両替商人がいて，商品を購入しようとして定期市に来た地方の商人の金貨を現地の金貨に交換し，商品を売却した商人が取得した金貨をこの商人の希望する金貨に交換する業務を行った。

　両替商は，この両替の作業をするため，各種の金貨の価格表を持っていた。この価格表は，フローレンス金貨でそれぞれの金貨の価格を表示したものである（牧瀬『通貨の法律原理』1991年，285頁）。

　したがって，A金貨とB金貨の為替相場は，フローレンス金貨を通じて容易に決めることができた。

　ところで，定期市で商品を売買することは容易にできたが，しかし，商品を購入するための金貨を定期市まで持参し，また，商品を売却して取得した金貨を自国まで運ぶことは，当時，悪い道路を馬車で運ぶため，また，多くの封建領主の土地を通過するため，金貨の運搬には非常に制約が多かった。

　そこで，遠隔の地に金貨を送付する方法が研究され，そして，その方法が発見された。それは，為替手形による方法である。

　まず，イタリアのフローレンスの商人（A）が，フランスのシャンパーニュの定期市で商品を購入しようとするとき，Aは，フローレンスの為替商（A・A）のところに行き，500フローリン金貨を渡し，A・Aから，シャンパーニュの両替商（B・B）に宛て，この書面を所持しているAに対して500フローリン金貨を渡すよう指示する書面の交付をうけた。

　Aは，この書面をシャンパーニュまで持参して，B・Bに対してこれを呈示し，500フローリン金貨を受領することができた。

　しかし，これは，為替手形の前身ともいうべきもので，まだ流通はしていなかった。

　ところが，商人Aは，商品の買付のため，常に，シャンパーニュまで行くことは非常に不便であった。

　そこで，Aは，シャンパーニュに，自分の代理人（B）を置いた。Aは，

A・Aに対して，500フローリン金貨を引き渡し，A・Aは，B・Bに対して，AまたはAの指図する者（B）に対して500フローリン金貨をこの手形と引換に交付するよう依頼した文言を記載した書面を交付した。

Aは，この書面をBに送付し，Bは，シャンパーニュで，この金貨をB・Bから受領して商品を購入することができた（Rivoire. *Histoire de la Banque. Que-sais-je?* 1992 p.14-15）。

このようにして，当初，単に支払の指図を依頼した書面が流通するようになったが，これは「支払文言」（Clause d'ordre）の発明によるものである。

このわずかな言葉が，支払指図の依頼書に流通性を与え，ここに為替手形が誕生したのである。

この為替による送金業務を企業の営業として行ったのは，イタリアのフローレンスに居を構えていたメディチ家であった。

メディチ家は，フローレンスの北の地方の出身であるが，13世紀末から商人，役人として頭角を現し，1397年，彼等自身の銀行を設立した。そして，次第に，業務をヨーロッパ全土に拡張し，主要都市に支店を設け，その数は10に達し，さらにヨーロッパ全土に地元の代理店あるいはコルレス契約店を設けた。

メディチ家の業務は，資産の62％は融資に，20％以上は為替手形の引受に回すことができた（エドウィン・グリーン著，石川通達監訳『図説　銀行の歴史』1994年，19〜21頁）。

このような為替手形は，まだ，裏書，割引の制度を知らず，現代的な機能を充分持っていなかった。

2　日　本

これに対して，東洋のさらに東に位置したわが国でも，ヨーロッパの商業・金融の発展とは無関係に，為替手形・約束手形が使用されていた。

すなわち，すでに，鎌倉時代には，為替のことを替銭，替米といわれ，為替がかなり普及していたようである。

第1章　為替手形・約束手形・小切手の小史

　室町時代になると，為替手形は，割符（さいふ）といわれ，最初は，異地払の約束手形（一定の額の金銭の支払約束が記入され，振出地と支払地の異なる手形）であったが，経済の発展と共に支払委託文言が記入され為替手形になったと考えられている（石井良助『日本法制史概要』昭和39年，103頁）。
　さらに，江戸時代にはいると，手形は大坂で著しい発展を遂げた。
　為替手形は，主として，大坂から江戸宛ての江戸為替を中心に送金手形として発達した。為替手形の文言には，支払人に宛てた支払委託文言と受取人宛ての支払約束文言が記載されていたが，いずれも，中世の為替手形の両種文言に由来するものである。
　預り手形は，両替商が，預金者のために預金を引当に振り出す約束手形であるが，兌換銀行券のように流通した。
　なお，振手形は，現在の小切手に相当するものである（石井・前掲182頁）。

3　アムステルダム銀行の設立

　ヨーロッパの経済と金融の歴史において，1609年，アムステルダムにおいて設立されたヴィッセルバンク（Wisselbank——いわゆるアムステルダム銀行）の重要性を忘れることができない。
　この銀行の名称のヴィッセルは，ドイツ語のWechsel（為替）からきた言葉であって，したがって，この銀行は，300フローリン以上のマネーであれば，いかなる通貨の寄託も受領した。
　この銀行は，為替業務を独占し，アムステルダムに向けられたすべての為替手形を銀行間の振替により自らの帳簿で決済した。
　この銀行は，ヨーロッパの中でも，とくに地の利に恵まれていたため，急速に発展し，17世紀には，世界で最も重要な銀行になっていた。そして，ヨーロッパの各地に，この銀行を真似て，ぞくぞくと銀行が設立された。
　アムステルダム銀行の重要性は，1640年，その預金者に対して，流通証書（Certificats negociables）を交付したことで，流通証書の最終の所持人は銀行に流通証書を呈示して額面の金貨を証書と引換に受領することができた。

しかし，ここでは，まだ，信用の創造については考えられていない。

§2　約束手形

約束手形は，その起源を，英国の約束証券（Promissory Note）に求めることができる。

したがって，約束手形の特質を説明するために，約束証券の説明から始めることにしたい。

1　約束証券（Promissory Note）の誕生

英国の王，チャールズ１世は，1640年，シテイ（City）の商人が，ロンドン塔に金貨を保管しているのを発見し，これにヒントを得て，これらの商人に，金貨，銀貨，そして英国の財宝の保管を委託した。

これらの者は，無償か，あるいは低い利率で金銀の保管を受諾したが，この保管した資金を資本として，銀行券の割引に利用するか，より高い利率の貸付に利用した。そして，金の保管については，より高い利率と引出の自由を保証すると宣伝した。

当時，30年来の内戦によって，会計を扱い，金・銀を保管する若者がいなくなっていたため，商人は，競って，商業で得た金銀を金銀商に寄託した。そして，数年を経ずして，多くの金銀が金銀商の手元に集った。

金銀商は，この寄託に対しゴールドスミス・ノート（Goldsmith Note）という引換券を発行し，これらがしだいに，手から手に引き渡されるようになり，現金よりも使用されるようになった。

英国の金銀商たちは，金貨・銀貨の受託業務を営業している間に，金貨・銀貨の寄託と，金貨・銀貨の引出とを見ていると，金貨・銀貨の引出は，常に，寄託した量の一部であり，そして，寄託と引出との割合には，一定の法則のあることが分かった。

したがって，彼らは，現実に，金貨・銀貨の寄託を受けなくてもゴールド

スミス・ノートを発行することができるということを発見した。

彼らは、このノートをプロミスリー・ノート（Promissory Note）と呼び、一定金額の支払を約束した証券であった。

2　約束証券の流通性の取得

そして、この証券は、まず、持参人払証券について流通性が認められ、ついで、指図証券についてもその流通性が認められた。このようにして、金融業界が譲渡性のある指図証券を必要としたため、英国議会は、1704年、約束証券法（Promissory Note Act）を制定し、約束証券は、指名式（payable to any person）、持参人式（payable to bearer）、指図式（payable to order）のものであれ、すべて譲渡性が認められることになった（牧瀬『通貨の法律原理』151～153頁）。

ここに、約束手形の誕生が見られる。

3　兌換銀行券の発生

なお、この約束証券は、信用があったので、しだいに取引の決済に使用されるようになり、通貨と同じように使用されるようになった。そして、ここから後に、この証券と引換に、金貨を引渡と表示された兌換銀行券も発行されるようになった。

§3　小　切　手

次に、小切手についてであるが、小切手は、銀行制度の発展と共に使用されるようになった。

すなわち、金銀商は、上記の通り、約束証券（Promissory Note）を発行したが、その他にも、走る現金（running cash）と呼ばれる当座預金口座を開設することを考案した。しかし、この口座に現金が払い込まれても、受領証も、約束証券（Promissory Note）も発行されなかった。そして、その代りに、

Ⅱ 手形・小切手法（総論）

金銭の預託者は，その望む時に，金銀商に宛てた文章を作成し，彼の債権者（現金を必要としているか，自己の金銀商の口座にある決済をしなければならない証券の支払を望んでいる）に交付した。

当初，銀行家は，その支払の前に文書だけでなく，その他に，指輪のような証拠になるようなものを要求した。

しかし，しだいに，それぞれの金銀商が，相互に口座を持つようになり，小規模の金銀商は，当時，最も評判の高かったバックウエル（Backwell）のまわりに集まり，彼のところに口座を持った。

彼らは，定期的にバランスを調査し，その差額をコイン，国庫割符，譲渡証書などで決済したが，後には，国庫証券，イングランド銀行券で決済された。そして，この場合，通帳は使用されず，預金者が，時々，金銀商の店舗を訪れ，帳簿をチェックし，それが正確であるとき，「この勘定を認める」と記入し，彼の氏名を書きサインした。

しかし，帳簿の記載が，しばしば，正確でなかったので，預託者と金銀商の間で話し合いが持たれ，和解によって解決された。

この様にして，預託者が，金銀商に宛てた文書を債権者に交付し，金銀商がその文書を決済することとなるが，その結果を監視するため，金銀商の帳簿をチェックすることから小切手（Check）という言葉が発生した（Feaveayear, *The Pound Sterling*, 1931 p.99-100）。

この小切手は，金銀商に宛てた文書で，債権者に支払うように指図したものであるから，為替手形の内容と実質的に変わらない。しかし，小切手が，為替手形と平行してしだいに利用されるようになったのは，主として次の2個の理由があると考えられている。

その1は，英国の紳士は，現金で支払うよりも，小切手で支払うほうが優雅であると考えていたようである。

その2は，為替手形には，高額の印紙税が課せられていたが，小切手には印紙税が課せられていなかった。したがって，為替手形が存在するにも拘らず，小切手の使用がしだいに広がっていった。

第1章　為替手形・約束手形・小切手の小史

　19世紀になると，イギリスの銀行は，国内市場においては，比較的限られたサービスしか提供しなかった。預金の受入，支払の決済，手形の引受と割引，貸付，当座貸越，また，時折は，独自の銀行券の発行をした。

　しかし，イングランドとウエールズでは，銀行券の発行が制限されていたため，19世紀中期以降，小切手が債務や支払の決済に重要な役割を果してきた。

　ロンドン手形交換所での小切手の年間の交換高は，1840年から1884年の間に5倍以上の60億ポンドに増えた。

　このようにして，イギリスの銀行は，地元の町や地域の様々な顧客に基本的なサービスを提供しようとしていた。その顧客には，製造業，大企業のほかに，小売店やまったくの個人も含まれていた。

　これに対して，ヨーロッパの銀行は，それぞれ特定の分野に進出していった。

　ところで，ヨーロッパでは，近年まで，大学生になると小切手を使用するようになり，現在では，ユーローカード（Eurocarta）で学費はもちろんのこと，学用品の購入，喫茶店の支払までするようになった。

§4　手形・小切手に関する国際条約

　手形・小切手は，金銭代用証券として，国際的性格を有している。したがって，その国際的な統一は，以前から強く望まれていた。

　そして，為替手形・約束手形については，1930年6月7日，さらに，小切手については，1931年3月19日，それぞれ，ジュネーヴ条約が成立した。

　この2つの条約には，世界の取引の分野で，重要な地位を占める英国と米国が加入しなかったのはこれらの条約の価値を減殺するものである。その理由は，いろいろと言われるが，取りわけ，大陸の国の手形・小切手法は，民法・商法との関係を認めるのに対して，英米法では，手形・小切手は，流通証券として独自の法の規制を受け，民法・商法との関係は，別の手続で争う

ことになっているからであると考えられる。

わが国も、これらの条約を批准し、わが国の手形・小切手法もこれらの条約にしたがって制定された。したがって、わが国の手形・小切手法の歴史はそれほど長くはないということができる。

第2章　約束手形・為替手形・小切手（総論）

約束手形・為替手形・小切手は、いずれも、法律上、有価証券と言われる。
したがって、まず、有価証券の概念を明らかにしなくてはならない。
次に、手形行為について説明しなくてはならない。
そして、さらに、具体的に、約束手形を中心に、手形の振出、裏書、支払について基本的なことを説明したい。

§1　有価証券の概念

手形、小切手は、有価証券である。いずれの教科書も、手形・小切手の説明をするにつき、有価証券の説明から始めることになっているので、ここでも、一般の例に習って有価証券の説明から始めたい。

一般に、「有価証券とは、権利の発生、移転、行使の全部または一部について証券を必要とするものをいう」といわれている。

しかし、この定義は、根本的に不十分である。なぜならば、「有価」に関する定義がない、また、「どのようにして権利が発生するか」について説明していない。

1　「有価」の意味

有価証券は、紙片である。しかし、この紙片がなぜ価値を持つようになるのかという最も重要な問題が説明されていない。

有価証券は，手形・小切手のほか，株券，船荷証券，倉庫証券，社債，国債などがある。株券は，株式会社の株主権が証券という紙片に含まれている。船荷証券は，運送証券の一種で，貨物を船舶で運送するとき，証券には貨物引渡請求権が含まれている。

また，倉庫証券も，商品を倉庫に寄託するとき発行される証券で，倉庫業者に対する商品の引渡請求権を含んでいるから有価である。

社債は，株式会社の発行する有価証券で，会社が資金を一般の公衆から募集するために発行され，一定の金額の支払請求権を表章している。したがって，これらの証券は，いずれも有価である。

国債は，国家が一般の公衆から資金を調達するための手段で一定の金額の債権を表示するため有価である。

手形・小切手は，一定の金額の支払請求権を表章するから有価である。このようにして，有価証券は，経済上一定の価値を有し，それを法律で保護されている証券である。

2　権利を含む紙片の意味

ここでは，手形・小切手について説明し，他の有価証券についてはそれぞれの箇所で勉強されたい。

(1)　約　束　手　形

約束手形は，一定の金額の支払を約束する旨を記載し，作成者がこれに署名した紙片である。

しかし，約束手形には，一定の金額の支払請求権の債権者となるべき受取人の記載はあるが署名はない

それでは，どうして約束手形が，一定の金銭の支払請求権を有することになるのであろうか。

ここで，すでに勉強した民法の理論を思い出さなければならない。

それは，債権は債務から生じるという原則である。

約束手形という紙片を見ても，どこにも債権らしい記載はない。それにも

拘らず，どうして約束手形は債権を表章する有価証券というのであろうか。

その説明は次の通りである。

手形の振出人（手形の作成者）は，手形に必要な要件を記載し，特に，一定の金額を受取人に支払う旨を記載し，かつ，署名する。これは，明白に，一定の金額を支払うという債務の記載である。したがって，振出人は署名することによって，一定金額の支払債務を負担する旨の意思表示をなし，ここに，手形面上，振出人の一定金額の支払債務のあることが確認される。そのため，この債務を負担するという一方的法律行為から債務が発生し，この債務からさらに一定金額の支払請求権が発生することになる。

それでは，次に，この債権は誰に帰属することになるかという問題に直面する。

約束手形の受取人は，この手形を受領した時，手形が含んでいる債権を取得することになるが，しかし，まだ，手形は振出人の手元にあって，受取人は手形の作成されたことを知っていない。

したがって，一定の金額の支払請求権は，約束手形という紙片に化体（Körpern）され，約束手形という紙片がこのような請求権を含むことになったということである。

このようにして，約束手形という有価証券が創造される。

これは，ちょうど，高名な画家が，自宅のアトリエで一つの名画を完成したとき，この作品は，これを外に出さなくても，また，誰に見せなくとも，それ自体完成された名画であり，価値を有する。

それと同様に，約束手形も，一定の金額を支払うという条項のほか，法律の定める条項を記載し，振出人がこれに署名したとき，この約束手形は，振出人の手元で客観的に完成し，振出人の記載と署名により，債務が発生し，この債務から額面に相当する金額の支払請求権が発生し，この請求権は約束手形という証券に化体されて証券と一体となるのである。したがって，約束手形は，この債権を保有するため経済的価値を有し，それ自体，客観的に価値を有する有価証券という有価物になるのである。

このような理論に対して次のような反論がなされるのではないかと考えられる。

[反論1]

まず，約束手形の中に，債権と債務が同時に存在するのはおかしいのではないかという反論である。

しかし，これは，有価証券の目的を十分理解しない見解である。

約束手形の目的は，民法上の債権の譲渡を容易にすることで，そのために考案された法律上のテクニックである。

そのため，債権という無体物を証券という有体物に化体することによって，債権の流通の促進をはかろうというのであって，振出人が，証券に債務負担の意思表示をなし，その結果発生した債権を証券に化体させて証券化し，その目的を達成するのである。

したがって，この反論は当たらない。

[反論2]

一人の振出人が，どうして，債務と債権を発生させることができるかという疑問である。

この質問に対しては，法律行為のうち，一方的法律行為を理解しなければならないということができる。

一方的法律行為は，表意者が，一方的に債務負担の意思表示をすることで，表意者は，その表意した債務負担の意思表示にしたがって債務を負担することになる。

債権はどうなるか。債権は，約束手形に記載された債務の内容にしたがって発生するが，債権は，証券に化体され証券となるためまだ債権者は現れてこない。この証券が，振出，交付されたとき交付を受けたものが債権者になるのである。

[反論3]

約束手形の振出人が，まだ，手形を受取人に交付せず，自分の手元にある

ときは、振出人がこの手形の所持人として手形債権者になることになるが、これは通常の法理論では理解できない。

この反論は、有価証券の法理を理解しないものである。

約束手形の振出人は、債権を証券化するため約束手形という有価証券を創造したのであって、振出人が、自己の作成した約束手形を所持していても何の不思議もない。

約束手形は、静止の状態にあり、いまだ、流通に置かれず、権利行使の機会はまだ発生していない。

このようにして、ここに提示された反論は、いずれも、有価証券理論を理解しないもので、根拠のないものである。

したがって、振出人が、手形に債務負担の意思表示をなし、署名をして債務が発生し、そこから発生した債権が証券に化体され約束手形という有価物が創造される。

(2) 為替手形

為替手形は、振出人が、主たる債務者となるのではなく、第三者である支払人に対し、為替手形の額面金額を手形の所持人に支払うよう委託する内容の手形で振出人がこれに記名押印する。

しかし、為替手形は、有価証券である。したがって、それ自体、価値を有さなければならない。それに価値のないときは流通しない。

ところで、為替手形は、何時、有価証券として価値を有することになるかということであるが、それは、証券を作成したときでなければならない。

なぜならば、為替手形は、引受がなくとも、証券作成のときから流通し、既に有価証券になっているからである。

為替手形が流通するのは有価証券として価値があるからである。なぜ価値があるのかというと、それは、為替手形の振出人が、引受の有無に拘らず振出人として最終的に支払を保証しているからに他ならない。

手形法9条は、

「振出人ハ引受及支払ヲ担保ス。
　②振出人ハ引受ヲ担保セザル旨ヲ記載スルコトヲ得支払ヲ担保セザル旨ノ一切ノ文言ハ之ヲ記載セザルモノト看做ス」
と規定していて，振出人に最終的な支払義務を課している。したがって，為替手形は，額面金額の支払を保証されている有価証券である（Schönle, Bank- und Börsen-recht 12. Aufl. 1976 p. 188 によれば，為替手形は，債務法的有価証券で，法律によって定められた形式を具備し，特に「為替手形」の文言を記載し，抽象的で無条件の一定金額の支払を規定するという）。

この見解に対して幾つかの反論がなされることが考えられる。

[反論 1]

為替手形の場合，引受があるまでは，債務者は存在せず，それまでは，支払人は支払をなす地位にあり，手形の所持人は，支払を受ける地位にあるにすぎないという反論である。しかし，手形行為独立の原則により，主たる債務者が存在しなくとも，振出人のなした署名により支払を担保しているのであるから，この紙片は，単なる「紙」ではなく，すでに有価証券である。

反対論者によると，引受のあるまでは，一切の債権・債務は存在しないこととなり，少なくとも，手形の所持人は，単なる支払を受ける地位にあるものであるにすぎず，支払を受ける法律上の権利を有しないということになる。

しかし，為替手形の振出が，例えば，1億円の取引にかんするものであるとき，これを受領した最初の受取人がこの手形は権利を表章するのではなく，単に，受取人の地位を表章するにすぎないということで納得するであろうか。

この手形を所持していることは，自分に手形上の請求権があると考えているといわなければならない。

[反論 2]

為替手形の振出人は，支払人に対して手形の所持人に額面金額の支払を委託しているにすぎない。したがって，振出人が，自ら債務を負担することを意思表示したものではないという反論である。

Ⅱ 手形・小切手法（総論）

しかし，反対論者の見解にしたがうと，引受のあるまでは，結局，債権・債務は発生しないことになる。その結果，為替手形という紙片は，形式は有価証券であるが，実質は，価値がないから有価証券ということはできないということである。

そうだとすると，為替手形は，引受のあるまでは，有価証券でないという結果になる。このような解釈は許されるであろうか。

(3) 小 切 手

小切手とは，小切手の振出人が，銀行に対し，銀行にある資金を小切手の所持人に支払うよう委託する証券である。

問題は，小切手の所持人が，直接，振出人が銀行に預託してある資金の上に権利を有するか否かということである。

1）フランス法は小切手を振り出す際に，銀行に資金（Provision）が存在しなければならないという制度を採用した。

したがって，小切手の所持人は，この銀行に預託されている資金（Provision）のうえに権利を有すると解されている。この結果，振出人が破産した場合，この資金は，振出人のものではなく，小切手の所持人のものとなり，破産財団に入らない。

2）ドイツ法の下では，小切手は，銀行にある資金（Bankguthaben）を処分する手段であると解されている。

したがって，小切手は，銀行に対して支払をする地位を与え，小切手の所持人に対しては支払を受ける地位を与えるという二重の地位の問題ではなく，小切手の所持人は，主観的な請求権を有し，その行使には証券の提示が必要であるというのである（Schönle, *ibid.*, p.109; Wiederman, Wertpapierrecht 6. Aufl. 1994, p.130 は，商人法の慣習に従い，民法上の—法律上の—請求権を有すると言う）。

3）日 本 法

日本の小切手法は，銀行の資金が小切手の呈示の時に存在しなければなら

ないと規定している（小切手法3条本文）。しかし、小切手は一覧払で、先日付に反して呈示しても、この呈示は有効である。そして、支払時に資金のないときは、科料の制裁がある（小切手法71条）。したがって、小切手の振出人は、小切手を振り出した直後に、所持人が小切手の支払を求めることもあるため、小切手の振出人は、小切手を振り出した時からその支払に至るまで、常に資金を準備する必要があるということになる（従来、小切手の振出人は小切手の支払の時に資金があればよいという見解が一般的に認められていたが、この見解は誤りである）。

このように考えると、フランス法と同様に、日本法の下でも、小切手は、単なる支払の委託により支払を受ける地位を表章するというのではなく、小切手の所持人は、銀行に預託された資金（記帳通貨）の上に権利を有するということができる。かくして、小切手は有価証券となる。

また、この見解は、小切手が記帳通貨を処分する手段であるという見解にも一致する。

§2　手形行為の概念

手形は、振出人がこれを作成し、これを受取人に引き渡して振り出し、受取人は手形に裏書をしてこれを被裏書人に引き渡し、最終の手形の所持人がこれを銀行に呈示してその支払を受けるということになる。

このようにして、手形は、振出人の手形を作成する行為と作成した手形の引渡によって移転し、裏書人の手形上にする裏書行為と引渡によって移転する。

したがって、振出人と裏書人の手形上になす行為が手形行為である（手形行為にはこのほか、保証、引受もあるが、ここでは保証について説明し、引受は保留する）。

そして、手形行為は、約束手形の手形行為を中心に説明し、為替手形についてはこれを後に補充することとする。

Ⅱ　手形・小切手法（総論）

　手形行為についてまず問題になるのは，手形行為の定義であり，次に，手形行為の独立性について説明し，さらに，手形行為の無因性について説明しなければならない。

1　手形行為の定義

　手形行為とは，手形上になされる一方的法律行為
　一方的法律行為については，すでに，民法の基礎理論で説明したところであるが，表意者が一方的に表示した債務負担の意思表示である。

(1)　振出と手形行為

　約束手形の振出行為に必要な手形行為を考えると次の通りである。
　約束手形の振出人は，手形用紙に一定の金額を支払う旨の単純な約束のほか，約束手形を作成するのに必要な要件を記載し，振出人がこれに署名することであって，振出人の行為は，すべて，振出人自身の行為で，手形行為の相手方はまだ存在しない。したがって，振出人の手形行為は，一方的法律行為であり，その内容は，一定の金額を支払うという単純なる約束で，債務負担の意思表示である。

(2)　裏書と手形行為

　裏書は，約束手形を移転するための手形行為である。
　裏書は，手形の裏面または付箋に「表記金額を被裏書人またはその指図人に対しお支払いください」と記載し，裏書人がこれに署名することになっている。
　この裏書人の裏書は，裏書人に手形金の支払を担保する効力を有すると定められている（手形法77条1項1号，15条1項）。
　すなわち，裏書人の裏書は，債務負担の意思表示であるということができる。

(3)　保証と手形行為

　手形金の一部または全部の支払を保証することができる。
　すなわち，保証は，保証債務を負担するための意思表示である。

このようにして，手形行為は，いずれも，手形に表示された金額を支払うため債務負担の意思表示である。

そして，さらに，注意しなければならないのは，これらの手形行為は，すべて，手形という書面上になされるということである。

2　手形行為独立の原則

手形行為は，手形という書面になされる債務負担の一方的法律行為である。

したがって，それぞれの手形行為者が，それぞれの手形行為について書面行為をするのであるから，それぞれの手形行為者は，自己の手形行為について手形債務を負担するという意思表示の内容にしたがった債務を負担する。

そして，このような手形行為は，手形の信用を維持し，手形の流通を促進するため，手形行為は，それぞれ，独立であるとされている。

すなわち，ある手形の署名が無効であっても，他の署名はこれによってその効力を妨げられることがないと定められている（手形法7条）。

3　手形行為の無因性

手形行為の無因性については，次の2つの理由が考えられる。

(1)　手形行為は，手形証券という紙片に記載されてなされ，これに対して，実質上の取引行為は，契約によるものであるから，私的自治の原則により書面は必要でない。

したがって，手形行為と実質的な取引行為とを結びつけることはできず，両者の関係は無因でなければならない。

(2)　手形は，通常，売買代金の支払のために，あるいは，請負代金の支払のために振り出され，さらに，その後の実質上の取引の債務の決済のために裏書譲渡される。

これを図で示すとつぎの通りである。

　　<u>手形行為</u>：手形の振出　　…裏書譲渡　　…裏書譲渡：手形金支払請求→
　　　　　　　　（無因）　　　（無因）　　　（無因）

Ⅱ 手形・小切手法（総論）

　<u>実質関係：売買代金支払　請負代金支払　賃貸料の支払</u>
　手形行為は，有価証券という有価物になされ，手形行為者は，それ以後のすべての手形の所持人に対しその義務を負担するということになり，手形当事者ばかりでなく，すべての人々に対し債務の内容を明らかにしているのである。

　したがって，これは，有体物の一部を構成し絶対的効力を有する。これに対して，実質行為である売買，請負，賃貸借契約による債権・債務は，契約の当事者間においてのみ効力を有し，相対的効力を有するにすぎない。したがって，絶対的効力を有する手形行為は，相対的効力を有するにすぎない実質行為と結び付けることはできない。したがって，手形行為は，無因性でなければならない。

(3)　同様に，裏書のための手形行為は，手形に記載され，客観的にすべての人々に表示される。また，裏書の効力も，裏書人のすべての後者に対して及び，これらの人々に対しその債務を負担することになる。

(4)　保証のための手形行為は，これも，手形上になされ，客観的に表示される。

　したがって，この保証行為は，被保証債務が無効であっても，その効力の影響を受けない（手形行為独立の原則）。

　また，このことは，同時に，保証ための手形行為と，実質の取引関係とは結び付かず，無因であると言わなければならない。

(5)　手形行為には民法の能力の規定が適用される

　手形行為は，意思表示による法律行為であるから，民法の一般原則により，手形行為には行為能力の規定が適用される。

　しかし，約束手形に適用される民法の能力の規定は，有価証券の特殊性からその規定が変容して適用されるが，その詳細については後に述べることにしたい。

§3　約束手形の振出・裏書・支払の法的性質

約束手形の最も単純な流通形態は，約束手形は振出によって創造され，これが裏書によって流通し，そして，支払によって決済され，手形債権は消滅する。

したがって，ここでは，手形取引の理解を簡単にするため，振出，裏書，支払について，その法的性質を説明する。

1　振　　出

<u>約束手形の振出の定義</u>，
　<u>約束手形の作成と</u>，<u>作成された約束手形の引渡（譲渡）</u>
約束手形の振出の法的性質については多くの学説が対立している。

しかし，これらの学説の対立の多くは，民法の基本原則を十分に理解していないことに起因しているのではないかと考えられる。

したがって，ここでは，民法の基本原理を引用しながら，説明することにしたい。

(1)　約束手形の作成

約束手形の作成には，振出人が，手形用紙に手形要件を記載し，一定の金額の支払を単純に約束する文言を記載し，署名することによって完成する。

ここに，手形行為という一方的法律行為により振出人に債務が発生し，その結果，債権が発生して，この債権は証券に化体され，有価証券という有価物が作成される。

(2)　約束手形の引渡

約束手形の振出は，作成した証券を受取人に引き渡して，それに含まれている債権を譲渡することである。

この証券の譲渡は，証券の占有の移転を必要とし，その結果，証券の譲渡は，当事者間においてその移転が認められるばかりでなく，その他のすべての第三者においても認められることとなり，この証券の引渡は，金銭債権の

譲渡を絶対的なものとし，かつ，すべての人々に対し主張できる，対世的効力を与える。

(3) 約束手形の振出と実質関係

約束手形の振出　　　→しかし，約束手形の振出には
（無因）　　　　　　　無因にも拘らず，
売買代金の支払　　　　実質関係が必要（売買代金の支払など）
　　　　　　　　　　　実質関係がないと不当利得になる。

1）約束手形の引渡は無因である

約束手形の引渡は，引渡の当事者のみならず，それ以外のすべての人々に対しても有効になされる。すなわち，物権の所有権が対世的効力を有し，所有権者は，すべての人々に対し所有権を主張できるように，この譲渡は，すべての人々に対し主張できる。

これに対して，実質関係である売買契約による代金請求権は，契約の当事者間においてのみ相対的効力を有し，それ以外の第三者に対し効力がない。このため，約束手形の引渡は，売買契約の効力と結び付けることはできない。

両者の関係は，無因でなければならない。

2）約束手形の譲渡の方法

約束手形の譲渡は，証券の占有の移転であって，単なる「引渡」でなされる。

証券の引渡は，当事者ばかりでなく，それ以外のすべての人々によってこれを確知することができ，すべての第三者に対しても有効である。

3）約束手形と実質関係は無因であるが，実質関係がないと約束手形の取得者は約束手形を不当利得したことになる

ここで，動産の物権変動に関する民法上の理論を考えてみたい。

ダイヤを100万円で売買する契約をしたとき，ダイヤの所有権が契約の効力によって移転すると考えるとき，所有権の移転は債務の効力によるということである。

しかし，債務の効力は，契約によって発生するため当事者間においてのみ拘束力を有する。しかし，他方，売買の目的であるダイヤの所有権は，すべ

ての人々に対して主張できる絶対的な効力を有するため、相対的な効力を有する債務の力で、絶対的な効力を有する所有権を移転することができるかという問題が生ずる（既述）。

そこで、ドイツ民法では、債務の効力と所有権の移転の関係を分離し（無因とすること）、所有権は、契約によって移転しないこととし、所有権の移転には、別に、所有権を移転するための特別の合意（Einigung）と引渡（Traditio）が必要であるという制度を採用した（所有権の移転を占有の移転と結合することによって、所有権の移転が見えるようになった）。そして、この方法により、所有権は、売買当事者のみならず、それ以外のすべての第三者に対しても移転されることになった。

したがって、所有権移転の原因行為であるダイヤの売買契約が無効・取消で消滅しても、ダイヤの所有権は無効・取消の影響を受けることなく、買主は完全な所有権を取得することができる。

しかし、この所有権の移転には、原因行為が存在しないため、買主の所有権の取得は、法律上の原因を欠き、不当利得となる。したがって、買主には、所有権を返還する義務が発生する。

このことは、約束手形の振出についても妥当する。

約束手形の振出は、売買などの実質関係とは無因であるが、しかし、売買などの実質関係が存在しないにも拘らず、約束手形を交付することは、交付を受けたものが、約束手形という有価物を取得する法律上の根拠を有しないため不当利得となり、約束手形を振出人に返還する義務が発生する。

約束手形の振出は、実質関係と無因であるが、しかし、実質関係が存在しないと不当利得が発生することを十分理解しなければならない。

4）学説の批判

A．発 行 説

手形上の権利は、手形の振出人が手形を相手方に交付したときに発生するという見解である。

この見解によると、手形は、相手方に交付されるまでは有価証券でな

いということになる。

しかし，手形の権利は，手形振出人の手形行為によって発生するのであって，証券の移動は，権利の所在を変更するにすぎないのであり，新たに権利を創造するものではない。

この見解は，権利の発生と移転を混同するものであって誤りである。

B．契 約 説

手形の振出行為が契約であるとすると，契約の効力は，契約の当事者間においてのみ効力を有する。

したがって，この見解に従えば，手形関係は，常に，契約によって結ばれ，手形は契約によって流通し，手形権利の移転は，第三者に対する関係ではなされないことになる。

この見解では，手形権利の移転は，契約によるため，手形行為と実質上の法律関係とが結合することが可能になり，両者の関係は有因となる。

これでは，せっかく金銭債権を証券化しても，民法上の金銭債権と同様で，手形の交付は対抗要件となり流通を阻害すると言わざるをえない。

C．権利外観理論

権利の外観理論は，権利のないものを権利があるものとして保護しようとする見解である。しかし，この見解は，権利のないことを前提にするものであるからこれを受け入れることはできない。

D．判 例 理 論

判例は，

「手形の流通証券としての特徴にかんがみれば，流通におく意思で約束手形に振出人として署名または記名押印をしたものは，たまたま右手形が盗難・紛失の為，その者の意思によらずに流通におかれた場合でも，連続した裏書の連続のある右手形の所持人に対しては，悪意または重大な過失によって同人がこれを取得したことを主張・立証しない限り，振出人として手形債務を負うものと解するのが相当である」（最判昭46・11・16民集25巻8号1173頁）と判示している。

【コメント】

　この判例は，振出人の署名・記名押印に重点を置き，振出人が手形を作成して署名した以上，振出人としての責任を負担すべきであるというのである。

　したがって，判例の見解は，われわれの見解と同様に，創造説であるということである。

2　裏　　書

約束手形は，振出人→受取人，
　　　　　　受取人（裏書人）→被裏書人
　　　　　　裏書人→被裏書人
　　　　　　裏書人→被裏書人
と移転する。

　そこで，裏書の法律上の性格であるが，
　　裏書＝裏書（手形行為）＋手形証券の引渡
である。

　(1)　裏書は，すでに述べた通り，手形所持人が，手形上に手形行為である裏書をなし，手形上の一定の金額の支払を保証する債務を負担することである。

　したがって，証券上に記載された裏書と，私的自治の結果，証券以外の書面または書面によらない契約でなされる実質関係との関係は判然と区別され，したがって，裏書行為は，実質関係と無因であるということができる。

　(2)　次に，裏書をした手形所持人は，この手形証券を被裏書人に引き渡して手形所有権を移転することになる。

　この手形証券の引渡は，引渡の当事者ばかりでなく，すべての人々がこれを知ることができるため，この引渡による権利の移転は，すべての人々に対する関係でも認められるという絶対的な方法による権利の移転である。

　これに対して，実質関係は，契約による法律関係で，相対的効力しかなく，

Ⅱ 手形・小切手法（総論）

このため，証券の引渡による権利の移転行為と，実質関係とは結び付かず，したがって，両者の関係は無因となる。

(3) 上に述べたように，証券の引渡は，実質関係と無因であるが，しかし，実質関係が存在しないにも拘らず証券を引き渡すことは，法律上の原因を欠き，不当利得を構成する。

したがって，証券の裏書人は，被裏書人に対して，証券の返還を求めることができる。また，手形債務者は，不当利得の抗弁を提出することができる。

(4) 判　例

【事実】

　　Bは，商品（手動式洗濯機）をAに売却し，AはこれをYに売却した。Yは，この代金の支払のためにAに約束手形2通を振り出した。

　　Aはこの約束手形を満期前にBに裏書譲渡した。その後，Yは商品の売却に失敗したため，YはAとBに相談し，商品はAを介してBに返却された。

　　そして，売買契約は，Y，A，Bの間で合意解除された。

　　ところが，Bに手形があったため，YはAと共にBに対して手形の返還を求める訴を提起したが合意に至らなかった。

　　その後，Xは，Bから期限後裏書を受け，Yに対し手形金の支払を求めた，という事件である。

【判旨】

　　「Yは，手形振出の原因関係消滅の抗弁をもって，受取人たるAに対してのみでなく，Aから右手形の裏書譲渡を受けたBに対しても対抗し，手形債務の履行を拒むことができるものと解するのが相当である」と判示し，その理由として，

　　「自己に対する裏書の原因関係が消滅し，手形を裏書人に返還しなければならなくなっているBのごとく，手形の支払を求める何等の利益も有しないものと認められる手形所持人は，かかる抗弁切断の利益を享受する地位にはないものと言うべきである」（最判昭45・7・17民集24巻7号

1077頁）と述べた。

【コメント】

　判旨は正当である。商品の取引関係は，合意によって解除されたため実質的な法律関係はなく，Bは，手形を返還すべき地位にあるというのである。

　すなわち，Bは，手形を不当利得しているということを判示している。

　したがって，Bは，不当利得の抗弁を提出され，手形金を請求権できない。

3　支　払

　約束手形には満期日が規定され，満期およびその後2取引日内に約束手形の最終の所持人は手形を呈示して手形金額の支払を請求しなければならない。

　したがって，支払を請求する人は，最終の手形の所持人で，しかも，正当な所持人でなければならない。

　手形の所持人は，裏書の連続を証明すればよいのであって，裏書の連続とは，裏書の一部が，偽造，無効であっても，外見上の裏書の連続をいうのである。

　現実の商取引では，最終の手形所持人は，約束手形を満期の数日前に取引銀行に預託し，取引銀行は，この約束手形を手形交換所を通じて約束手形の振出人の取引銀行に対し支払のため呈示し，振出人の銀行口座から手形の額面に相当する金額を引き落し，同額の金額が手形所持人の取引銀行に振り替えられる。

　これに対して，支払人は，支払を拒絶するため，抗弁を提出することができる。

　抗弁とは，訴訟手続において，被告が，原告の請求を阻止するための手段である。

　抗弁には，物的抗弁と，人的抗弁がある。物的抗弁は，すべての人に対し提出できるが，人的抗弁は制限される（手形法17条）。但し，所持人が債務者

を害することを知って取得したときは制限されない（同条但書）。

§4　為替手形の振出・引受・裏書・保証・参加について

　為替手形の手形行為には，約束手形について述べた振出，裏書，保証のほかに，引受，参加の手形行為がある。
　為替手形は，手形の振出人が，第三者である支払人に対して手形の額面金額を手形の所持人に対して支払うよう委託する証券である。
　したがって，為替手形が振出人によって振り出されても，この手形が支払人によって引き受けられるまでは，主たる債務者は存在しない。
　また，手形法は，証券の信用を維持するために，参加の制度を設けた。参加者は，被参加者と同様の義務を負担する。
　それでは，次に，為替手形の手形行為のうちその固有の部分について説明したい。

1　振　　出
(1)　為替手形の有価証券性
　為替手形の振出は，振出人が支払人に対し，手形の所持人に手形に定められた一定金額を支払うように委託した為替手形を作成して，これに署名・記名押印し，これを受取人に引き渡すことによってなされる。
　したがって，振出人は，為替手形を振り出すとき，手形金額の支払を保証するが，主たる債務者ではない。
　主たる債務は，手形の所持人が，支払人に対して，引受のために呈示し，支払人がこれを引き受けた時発生する。
　しかし，すでに述べたところであるが，為替手形は，振出の時点で，まだ主たる債務は存在しないが，振出人が，署名，記名・押印をすることによって，振出人として手形金額の支払を保証する。したがって，為替手形は，この振出人の署名によって，経済的価値を有することになり有価証券となる。

(2) **振出行為の無因性**

為替手形の引渡は実質関係と無因であるが，実質関係は必要である。

(3) 振出に際し，実質関係のないときは不当利得が発生する。約束手形と同様である。

2 引　受

為替手形の所持人は，満期に至るまで，何時でも，支払人に対して為替手形を引受のため呈示することができる。

引受によって，支払人は，満期に手形金を支払う義務を負う。

なお，引受の拒絶により，手形の所持人は，満期前でも遡求権を行使できる。

引受は，手形債務を負担することを承認する手形行為で，一方的法律行為である。支払人の署名，記名・押印によって債務が発生する。

3 裏　書

(1) **裏書は一方的法律行為**

裏書は，為替手形上の権利を譲渡することを前提にして，手形金の支払を保証するという意思表示である。

この意思表示は一方的法律行為という手形行為である。

(2) **裏書は無因**

手形証券上の意思表示は，証券という有体物の上になされているのであって，すべての人々がこれを知ることができ，対世的な客観的存在である。

しかるに，為替手形を裏書譲渡するための実質的法律関係は，契約であり，契約当事者のみを拘束するにすぎない。したがって，裏書行為と，実質的法律関係とは結合することなく，両者は無因である。

(3) **裏書と証券の引渡**

裏書は，手形証券の譲渡を前提にして債務負担の意思表示をすることである。この意思表示は，上に述べた通り，一方的意思表示である。

しかし、これでは、手形上の権利は移転しない。手形上の権利を移転するには、手形証券を引き渡さなければならない。

そして、この証券の移転も、実質的法律関係から無因である。

なぜならば、実質的法律関係は契約であって、契約当事者のみを拘束するが、裏書による権利移転行為は、当事者間のみならず、すべての人々に対する関係でなされるのであって、実質的法律関係と手形の移転行為は結合することがなく無因である。

(4) 裏書と不当利得

しかし、裏書について、実質関係が存在しないときは、被裏書人の為替手形の取得は法律上の原因を欠き不当利得となる。不当利得の抗弁が発生する。

(5) 判例（最判昭39・1・23民集18巻1号37頁）

【事実】

Xは、4通の為替手形を振り出し、Yがこれを引き受けた。

この為替手形は、Xが、澱粉アラレを製造してこれをYに販売していたところ、Yがその代金の支払のために引き受けたものである。

ところが、その後、Xにおいて澱粉アラレの中に公衆衛生法で禁止されている硼砂（ほうしゃ）が混入していて公衆衛生上危険であるということが分かった。しかし、Yは、Xに、商品が売れるから製造してほしいと請求したため、Xは製造を継続していたが、結局、保健所により製造が禁止され、製品の回収が行われた。

ところが、Xは、Yに対し手形金の支払を求めて提訴した。

【判旨】

「アラレの製造販売を業とするものが、硼砂の有毒性物質であり、これを混入したアラレを販売することが食品衛生法の禁止するものであることを知りながら、敢えてこれを製造のうえ、同じ販売業者である者の要請に応じて販売し、その取引を継続したという場合には、一般大衆の販売ルートに乗せられたものと認められ、その結果公衆衛生を害するに至るであろうことはみやすき道理であるから、このような取引は民法90

条に抵触し無効のものと解するを相当とする。しからば，すなわち，Yは，前示アラレの売買取引に基づく代金支払の義務なき筋合なれば，その代金支払の為めに引受けた前示各為替手形金もこれを支払うの要なし」。

【コメント】

　判旨は正当である。

　原因関係である実質関係が民法90条で無効のとき，手形の所持人は，引受のある手形を不当利得しているのであるから，Yは，Xに対して実質関係がないという抗弁か，不当利得の抗弁を提出することができる。

4　保　　証

何人といえども，為替手形の債務者のため保証することができる。

保証は，手形行為であって，一方的法律行為である。

手形行為独立の原則で，被保証債務が無効であっても，保証債務の効力は変らない。

5　参　　加

省略する。

§5　小切手の振出

　小切手は，現金の代用として使用される。そして，その方法は，銀行に預託してある記帳通貨を小切手によって処分するということである。

　そして，小切手は，振出人が，取引銀行に宛て，小切手の所持人に対して小切手金額を支払うよう委託する証券である。

　このため，銀行の顧客が小切手を振り出すことができるようになるためには，いくつかの手続をしなければならない。

　なお，小切手が有価証券になるのは，振出人が，最終的には支払を保証し

ているからである。この振出人の支払の保証によって証券は価値を有することとなり，ここに，有価証券となるのである。

1　小切手の振出の条件

小切手を使用するには，小切手の振出人と銀行の間で，3個の条件を満たすことにより，銀行の顧客は，小切手を振り出すことができ，また，小切手を受領した小切手の所持人が小切手の支払を受けることができる。そして，その条件は，次の通りである。

(1)　当座勘定取引

これは，小切手などの有価証券を支払うための資金をプールしておく口座であって，小切手が銀行に呈示されると，額面相当の金額がこの口座から引き落とされ，小切手の所持人の銀行口座に振り替えられる。

したがって，顧客は，銀行と，この当座勘定口座を開設しなければならない。

(2)　小切手契約

次に，顧客は，銀行との間に，顧客が，銀行に預託してある資金を小切手で処分できるよう小切手契約を締結する。

銀行は，この契約により，顧客に小切手帳を交付する。

(3) 顧客は，小切手を振出して，取引先に交付する。取引先は，これを銀行に呈示するか，他の取引先に譲渡して代金の決済のために使用する。

2　小切手の法律的性質

(1)　小切手の振出と資金関係

小切手は，現金の代用として使用されるため，一覧払い（小切手を呈示すると何時でも支払を受けることができる）であり（小切手法28条1項），先日付（現実の振出日より先の日付を振出日として記載すること）であっても，それ以前に振り出された小切手でも完全に有効であると定められている（同法28条2項）。

小切手は、現金代用証券である。したがって、小切手の振出人から小切手を受領した者が、直ちに、支払銀行に行き小切手を呈示して支払を求めたとき、支払銀行は、その場で、直ちに、小切手を支払わなければならない。そのため、銀行に資金がなければならず、小切手の一覧性を厳格に解釈するときは、資金は、振出の時から存在しなくてはならないということになる。

小切手法は、資金は、支払の時に存在しなくてはならないと規定しているが（同法3条）、これは、まったく当然のことを規定しているのであって、何の意味もない。

問題は、振出の時に資金が存在するか否かであって、小切手の一覧性を考えるとき、小切手の振出の時に資金が存在していなければならないという結論になる（同旨、田村・前田等『手形・小切手の法律入門』[新版] 有斐閣新書、185〜186頁）。

したがって、わが国の小切手法の下においても、このように解釈すべきである。

(2)　小切手の振出人と支払銀行との関係

銀行の顧客は、小切手契約により、銀行に対し、自己の振り出した小切手の所持人に対し小切手金額の支払を委託し、銀行は、この委託に従い、振出人の振り出した小切手を振出人に代わって支払うのである。

この委託は、振出人と銀行の関係が委任か準委任であること意味する。銀行は、委託の趣旨にしたがって、振出人に代り、振出人の資金で、支払の呈示のあった小切手を支払わなければならない。この意味で、銀行は、振出人に対し小切手を支払う義務を負担しているということである。

(3)　小切手の振出

振出人は、銀行に対し、銀行に預託してある資金で小切手の所持人に小切手金額の支払を委託する旨を記載して小切手を振り出す。

小切手は、現金の代用として使用され、銀行に預託されている資金である記帳通貨を処分するための手段であり、小切手の振出人は、当座預金の記帳通貨に対して処分権（disponibilità）を有する。そして、振出人が、この処分

権を小切手の中に化体する方法は次の通りである。すなわち，小切手の振出人が小切手を作成することによって，銀行は振出人に対して小切手の所持人に小切手金額を支払う義務を負担する。そして，この時，小切手の所持人は振出人であるため，結局，銀行は，振出人に対して小切手金額を支払う義務を負担し，この義務から振出人の銀行に対する小切手の支払請求権が発生し，この支払請求権が小切手証券の中に化体され，小切手の所持人である振出人は小切手債権を取得する。

したがって，振出人が小切手を振り出したとき，この小切手は，振出人の銀行に対する振出人の資金の上に向けられた支払請求権を含む有価証券となり，振出人は，かかる有価証券を所持していることになる。このため，資金は振出のとき存在しなければならず，振出人が，この小切手を譲渡したとき，この請求権も移転する。

したがって，小切手の振出に際しては，小切手金額の請求権が銀行に預託してある資金と関係があるため有価証券の発生原因としては無因ではないが，小切手の譲渡は無因である。

［反対の学説　その1］

以上の見解に対して，大体の学説は反対である。

反対の学説は，小切手の振出をもって，支払銀行に対し支払をする権限を与え，小切手の所持人に対しては小切手金額の受領する権限を与えるにすぎないというのである。しかし，このような見解によると，小切手のどこにも，権利・義務が存在せず，したがって，法律的には，価値がないということで，有価証券ということはできない。

価値のない，このような証券は流通することはできないであろう。

［反対の学説　その2］

小切手には，呈示期間経過後は，支払銀行に対し，振出人は支払の委託を取り消すことが認められている。したがって，小切手は，銀行に対する支払請求権を含むことはできないという見解である。

しかし，振出人が，支払の委託を取り消しても，それは，小切手関係の外部で発生したことであって，直接，小切手の効力に影響を及ぼさない。
　したがって，支払の委託の取消があっても，小切手の表章する支払請求権を消滅させるものではない。
　銀行は，抗弁を提出することができるのみである。

Ⅲ 約束手形・為替手形・小切手（各論）

　以上で，約束手形・為替手形・小切手に関する一般的な理論について説明した。したがって，次に，約束手形，為替手形，小切手に関し，それぞれ，具体的に必要な事項を説明したい。

第1章　約束手形

　まず，約束手形の振出，裏書，支払が通常の取引において問題のない状態でなされる場合について§1で説明し，次に，約束手形が，振出，裏書，支払に関し，何らかのトラブルの発生したときのことに関し§2で説明する。

§1　約束手形の振出，裏書，支払

1　振　　出
　約束手形の振出＝手形の作成＋手形の引渡
(1)　手形の作成
　借用証書は，金銭を借用したから一定の日に返済することを約したことを記載した書面である。したがって，金銭消費貸借の借用証書は，証拠であって有価証券でない。これに対して，一片の紙片が約束手形という有価証券になるには，一定の手形要件を具備しなければならない。

Ⅲ　約束手形・為替手形・小切手（各論）

約束手形の記載例

```
収入          No 015    約束手形
印紙
              武蔵野工業株式会社殿

  金額                      支払期間　平成14年6月4日
  ￥1.000.000※             支払地　東京都武蔵野市
                            支払場所　東京・三菱銀行吉祥寺支店
  上記金額をあなたまたはあなたの指図人へ
  この約束手形と引換えにお支払い致します。
  平成14年4月1日
  振出地 東京都新宿区新宿3丁目1番11号
  振出人 株式会社 三栄商事
```

約束手形として紙片に書かなければならない要件は，手形法75条に規定されている。

1）約束手形という記載
2）一定の金額を支払う旨の単純なる約束：これは，振出人の債務の記載である。
3）満期の表示
4）支払を為すべき地の表示
5）支払を受けまたはこれを受ける者を指図する者の名称
6）手形を振り出す日および地の表示
7）手形を振り出す者（振出人）の署名

【コメント】
1）約束手形に使用する文字で記載しなければならない。約束手形の内容が日本語で書かれているときは，「約束手形」を日本語で書かなくてはならない。
2）金額は，金1.000.000円と書かなくてはならない。
　　この額金額の下に，例えば，金10万円と書かれているときは，文字と数字に差異のあるときは文字の金額によることとなっている（手形法6条）。

3）満　　期

約束手形を支払わなければならない日を満期という。

満期の定め方には次の４つの方法がある。

① 一覧払：一覧（à vue）とは，手形を見たら直ちに支払うという意味。
② 一覧後定期払：手形を見てから一定の期間の経過後に支払う。
③ 日付後定期払：振出の日から一定の期間の経過を満期とすること。確定日払と異ならない。日本では行われない。
④ 確定日払：振出の時に，満期日を確定しておくこと。わが国の手形はこれがほとんどである。

平年で，２月29日の満期日の記載は２月末日と解する。

4）支払を為すべき地の表示

支払地については，判例は，早くから最小独立行政区画（市町村，東京都では区）であると判示してきたが，現在では，顧客が銀行から支払地を記載した統一約束手形用紙の交付を受けるため，支払地の問題は発生しない。

5）支払を受ける者は，受取人といわれ，約束手形に表示され，振出人から手形の引渡を受ける者である。

「支払を受ける者を指図する」ということは，約束手形の流通することを予定していることを示している。この指図条項は約束手形が流通することを可能にした。

6）手形の振出日および地の表示

振出日が事実と異なっても要件を具備していれば手形は有効である。

振出日が暦にない日であるときは，手形の振出は無効である。

振出地は，支払地と同様に考える（最小独立行政区画）。

7）手形の振出人の署名

手形の振出人が署名して手形は完成する。

約束手形の作成の効果

以上述べた通り、約束手形は、要件を具備し、振出人が署名し、一方的法律行為によって振出人に義務が発生し、この義務によって手形上の権利が発生し、手形に化体される。

このようにして、約束手形という有価証券が作成され、ここに有価物が創造される。

(2) 引　渡

約束手形は、何らかの取引の決済のために振り出される。例えば、商品の売買代金を支払うために商品の買主は売主に約束手形を振り出すのである。

したがって、約束手形の振出行為は、無因であるが、しかし、実質関係は存在しなければならない。

約束手形は、引渡によって約束手形上のすべての権利が移転する。

この引渡は、すべての人々に対する関係で有効になされ対世的効力を有し、単に引渡の当事者間でのみ効力が認められるというのではない。

したがって、この引渡は、原因となる売買契約（当事者間でのみ有効）とは独立して無因で、原因関係の有効・無効と関係なく、手形は受取人に移転する。

(3) 手形の振出と原因関係

すでに述べた通り、約束手形は、何らかの取引のために振り出される。

そして、その取引の結果、金銭債務が発生し、その金銭債務を支払うために手形が振り出されるのである。

したがって、約束手形が振り出され、手形が引き渡されたとき、手形の受取人は、実質関係上の契約による金銭債権と、手形上の金銭債権と双方の債権を保有することになる。

売買代金の支払に代えて約束手形を交付するということは、これを受領した受取人も、売買代金の決済は、まず、約束手形によってなされることを合意しているということである。

したがって、手形受取人は、まず、約束手形を行使して売買代金を回収しなければならない。

次に，振出人が，約束手形を振り出すとき，売買などの実質関係がなければならない。

なぜならば，約束手形は有価証券という有価物であって，有価物の所有権が移転するとき，所有権を移転するためには法律上の原因が存在しなくてはならない。

約束手形も，有価物であるから，有価物の所有権の移転に契約などの原因関係が存在しないときは，法律上の原因を欠き，有価物の所有権の取得は不当利得になるからである。

2　裏　書

約束手形の受取人は，商品の売買代金の支払を約束手形で受領したのであるから，この売買代金の回収をどのようにするかという問題に直面する。

この売買代金を回収する方法として，二つの方法がある。一つは，手形を裏書譲渡して得た金銭で売買代金の支払に当てるという方法である。

もう一つの方法は，銀行で，手形を割り引いてもらって資金を回収する方法である。

したがって，まず，裏書による方法について説明し，割引については後に説明する。

(1) 裏書の法律的性質

　裏書＝裏書行為＋証券の引渡

1) 裏書行為

受取人は，約束手形を譲渡するとき裏書人になり，手形の譲渡を受ける者は被裏書人になる。

手形を振出人から取得した受取人は，商取引により請負代金を支払わなければならないとき，今度は，裏書人として，その代金支払のために，手形を被裏書人に譲渡することができる。

裏書人の裏書行為は手形行為であって，これは一方的法律行為で，裏書人は，この法律行為によって手形の担保責任を負担する。

そして、この手形上の責任は、被裏書人に対する責任のみならず、それ以後、この手形に関係するすべての人々に対しても責任があるということになる。

なぜならば、この責任は、一方的法律行為が約束手形という有価物の上になされた結果、すべての人々は、この約束手形を見ることによって、この一方的法律行為の存在と、その効果を知ることができるのである。

ところで、この裏書という一方的法律行為をする裏書人の意思は、まず、手形に裏書をするということで、手形上の責任を負担することであるということは分かっているといえる。

次に、裏書人は、裏書をすることが手形を譲渡する行為であるということも分かっている。なぜならば、裏書人は、譲渡のために裏書をするからである。

2) 引　　渡

裏書をした約束手形は有価物であり、この有価物を引き渡すことによって手形上の権利が譲渡される。

この譲渡は、物権法上の合意と引渡によって行われ、物権法上の合意は外部からこれを察知することはできないが、引渡行為は外部から察知される。したがって、この引渡行為が重要で、引渡は譲渡の当事者間ばかりでなく、すべての人々に対して主張できる対世的効力を有する。

かくして、裏書による手形上の金銭債権の譲渡は、当事者間ばかりでなく、すべての人々に対しても対世的効力を有することとなる。

3) 裏書と実質関係

約束手形の裏書人が、手形を裏書譲渡するときは、通常、被裏書人との間で、商取引がなされ、その代金決済のために裏書されることが多い。

そして、この実質上の取引は、契約によるものであって、当事者間においてのみ効力を有するため、対世的効力を有する手形の裏書とは相容れず、無因にならざるを得ない。しかし、裏書行為が実質関係と無因であるといっても、実質関係が存在しなくてはならない。なぜならば、実質関係が存在しないとき、被裏書人の約束手形の取得は法律上の原因がなく不当利得を構成す

第1章　約束手形

るからである。

(2) 裏書の方式

ここにいう方式とは，裏書の仕方（ハウ・ツー）である。

裏書人は，まず，手形の裏面に裏書のための文言を書かなくてはならない。

その文言の方式（どのように書くかということ）であるが，裏書の方法には記名式裏書と白地（しらじ）式裏書があるが，この両者について順次説明したい。

なお，手形の表面の裏書でも，裏書とわかれば，裏書の効力が認められる。

１）記名式裏書

裏書人の指図文句の記載，被裏書人の記載，裏書人の署名が必要である。

表記金額を下記被裏書人またはその指図人へお支払いください。
　平成14年4月1日
　　住所　東京都千代田区一番町1丁目4番地2号
　　　　　株式会社　　ＥＵ情報サービス・センター
　　　　　　代表取締役　美山新吉　（署名）
被裏書人　　　　　　　　　　　　　有限会社　ＥＵ翻訳サービス

２）白地式裏書

被裏書人の記載のないとき，白地裏書という。

表記金額を下記被裏書人またはその指図人へお支払いください。
　平成14年4月1日
　　住所　東京都中央区日本橋1丁目3番地1号
　　　　　株式会社　　日本芸術工芸社
　　　　　　代表取締役　高山純吉　（署名）
被裏書人　　　　　　　　　　　　　　　　　白地（記載なし）

Ⅲ　約束手形・為替手形・小切手（各論）

　この場合，被裏書人は，自己の氏名を被裏書人として補充してもよいが，補充しないで白地のまま第三者に譲渡することもできる。

(3) 引　　渡

　手形債権の譲渡は，手形証券を，単に，引き渡すことによっても可能である。手形法14条3項には，

　　「白地ヲ補充セズ且裏書ヲ為サズシテ手形ヲ第三者ニ譲渡スルコトヲ得」

と記載されている。

　したがって，手形は引渡によって譲渡することができる。

　この手形の引渡は，物権上の引渡であって，物権上の合意も必要ない。そして，この引渡によって，手形証券の譲渡は，譲渡の当事者間ばかりでなく，その他のすべての第三者に対しても効力が認めらる。

　ただし，この場合，引渡のみで手形証券を譲渡する人は，手形上に如何なる記載もしていないため，手形上の債務を負担することはない。

3　支　　払

　約束手形は，金銭債権を表示する有価証券であるから，最終的には，債務者は，約束手形を支払わなければならない。

　ところで，支払に際し，まず，手形証券がどのように流通したか振り返って考えてみたい。

　次に，手形の支払を受ける者がどのような資格が必要であるかを考えなけれはならない。そして，手形金の支払請求は満期になされなければならない。

(1) 振出から支払まで

　手形証券は次のように流通する。

```
A   →   B   →   C   →   D   →   E   →   F   →支払の呈示
振出     裏書     裏書     裏書     裏書
（無因） （無因） （無因） （無因） （無因）
実質関係 実質関係 実質関係 実質関係 実質関係
```

第1章　約束手形

(2) 裏書の連続

1）裏書の連続の重要性

手形証券流通が正常であると，裏書が連続する。

したがって，裏書が連続すると手形証券の流通が正常であるということができる。

このため，裏書の連続している手形を所持している者は，正当な所持人と看做されることになった（手形法16条1項）。

すなわち，「為替手形ノ占有者ガ裏書ノ連続ニ依リ其ノ権利ヲ証明スルトキハコレヲ適法ノ所持人ト看做ス。最後ノ裏書ガ白地式ナル場合ト雖モマタ同ジ」というのである。

2）裏書の連続性

そこで，裏書の連続という意味であるが，次の通りである。

A．受取人と第一裏書人：同一人であればよい

（ex.「山形陸運株」と「山形陸運株式会社取締役社長」は同一性がある）

B．裏書の連続は，外観上連続していることが必要で，その真性であることを要しない。すなわち，虚偽の裏書でも，偽造の裏書でも，連続していればよいということである。

この規定はきわめて重要である。なぜならば，連続している裏書のうち，偽造の裏書，無効の裏書があっても，裏書が連続しているだけ連続があるということになっている。

このことは，裏書が偽造であるということを立証したり，無効であるということを立証することを認めないということである。

したがって，振出，裏書，裏書（偽造），裏書，裏書……で連続していることになる。

この場合，この手形の所持人は，適法な所持人と看做される。

3）適法な所持人が無権利者の場合

ところで，この「看做サレル」という法律上の意味であるが，反証を許さないという趣旨に解されている。

このため，振出，裏書，裏書（偽造），裏書，裏書と連続している場合には，最終の手形の所持人は，適法な手形の所持人と看做され反証は許されない。

しかし，わが国の大部分の学者は，いわゆる通説として，この「看做ス」という文言は，推定するという意味に解している。そして，その理由として，「手形債務者が，裏書の連続のある手形所持人が，真実権利者でないことを証明すれば，権利行使を拒むことができる」というのである（最判昭36・11・24民集15巻10号2519頁）。

しかし，この判示は誤りである。裏書の連続した手形を所持する者が真実権利者でないということを立証できるならば，連続した裏書の中の或る裏書が偽造であるいう立証もできることになる。

しかし，これは，裏書の連続は外観によって決めその真実を問わないという原則に反することになる。

しかも，この文言は，統一手形条約にしたがい定められたもので，これを勝手に変更することは許されない。

なお，裏書の連続の効果の適用範囲について，次に述べることにしたい。

4）適法な所持人と抗弁

ところで，「看做ス」というとき，無権利者に対してはどのように解決すればよいかということである。

法文は，「裏書ノ連続シタ手形ノ所持人ハ，適法ナ所持人ト看做ス」というのである。しかし，この適法な所持人ということは，裏書の連続という手形上の法律関係についてであって，手形外の事情，実質上の関係について考慮されていない。

したがって，この適法な所持人が，支払のため，手形を呈示し権利を行使しても，裏書の連続の他の事情により抗弁を対抗されることがあるということができる。

そして，この手形所持人が無権利者であるときは，手形債務者は，無権利の抗弁をもって対抗することができると解すべきである。

第1章　約束手形

　また，かかる手形の所持人は，正当な所持人であっても無権利の抗弁のほか，その他の人的・物的抗弁をもって対抗されることもありうる。

　判例および通説が，適法な所持人に対しても抗弁の提出が可能であるのを看過し，「看做ス」という文言を，ことさら「推定」と解したのは誤りである。

　5）フランス法の見解

　フランス法によれば，裏書の連続している手形を所持している者は，手形の適法な所持人（le porteur légitime）と看做される。

　しかし，手形債務者が手形を遺失し，あるいは，窃取されたとき，被害者が正当な手形の所持人に対して無権利の抗弁を対抗できると解されている。

　すなわち，商法140条は，手形を喪失した場合と，手形の所持人が破産した場合に限り抗弁を対抗できると定めた。

　すなわち，裏書の連続により手形の適法な所持人とされる者は，原則として，抗弁を対抗されることはないが，上記の通り，遺失，盗難（遺失と同視）の場合に限り抗弁を認めることになっている。

　ただし，善意の所持人に対しては，対抗できず，この場合，裁判長の命令で保証を立てなければならない（Yves Chaput, *Effets de commerce*, chèques et instruments de paiememts 1992, p. 95-97）。

(3)　裏書の不連続

　裏書の不連続の約束手形の所持人は，下に示したような場合，どのようにして権利を行使することができるであろうか。

A　　　B　　　C　　　D　　　E　　　F　　　G　　→支払の呈示
振出―　裏書―　裏書―（不連続）裏書―　裏書

　最終の手形所持者は，適法な手形所持人と看做されない。したがって，手形所持人のなすべきことは次の通りである。

　1）裏書が断絶した後の手形の所持人は，断絶前の債務者に対し権利の行

Ⅲ　約束手形・為替手形・小切手（各論）

使ができないという見解

　　【コメント】

　　　傾聴に値する見解であるが賛成できない。なぜならば，手形の実質関係をすべて立証したときは，最終の手形所持人の所持は適法であるから，最終の手形所持人は権利を行使することができる。

　　　したがって，上記見解は支持できない。

２）裏書が断絶した後のすべての取引が適法に行われたということを主張・立証しなければならないという見解

　裏書の断絶の前までは権利の推定があるので，それ以後の権利の移転についてはすべて立証しなくてはならないというのである。

　　【コメント】

　　　この見解は，すべての実質関係を立証すればよいという見解と同様であって，この見解は正しい見解であるといえる。

　　　しかし，これらの取引を全部証明することは困難であるので，次の見解が登場することとなった。

３）次の見解は，不連続の箇所について適法に取引されたということを立証すればよいということである。

　A，B，C，Dの間の取引と，E，F，Gの間の取引が，DとEとの間で適法な取引のあったことを証明することによって結合されるという見解で，両者の関係の上に橋を架けることになるため，架橋説と呼ばれている。

　裏書の断絶の部分が相続，合併があったことを立証すれば架橋される。このほかに，指名債権譲渡の方法で手形債権を譲渡したことを立証することもできる。この見解は，実際的で，また，理論的に承認できないが，実務的にはやむを得ない。

　しかし，この場合でも，指名債権譲渡の対抗要件を具備する必要がある。したがって，手形債務者に対して譲渡したことを通知しなければならない（最判昭40・4・1判時411号79頁）。

第1章　約束手形

(4)　**裏書の不連続と善意取得**

　裏書の連続がある場合，裏書の一部に偽造，無効の裏書があっても，裏書の連続は妨げられないとして手形の所持人を適法な所持人として保護されている。

　したがって，裏書が不連続であるとき，手形の流通が適法でないと考えられ，このような不適法性を表示している手形を取得した者を保護する必要はない。

　なぜならば，かかる手形を適法な手形であると信じて取得した者は，その取得に際して過失があったということができるからである。

(5)　**被裏書人の欄の抹消と裏書の連続**

　裏書人が，被裏書人を指定して記名式裏書をして署名し，このうち被裏書人の名称が抹消されたとき，裏書の連続の関係でどのように解決すべきであるかという問題である。

　裏書が連続しているか否かは，外観によって判断される。したがって，誰が抹消したとか，抹消した者が抹消する権限があったか否かということを議論することなく，抹消されていることを不存在と考えると，白地式裏書であるということができる。

(6)　**受取人の改ざんと裏書の連続**

　振出人はA，受取人はB，として発行された約束手形を，Cがこれを盗み，受取人の欄を無断で自分の氏名であるCと書き替え，裏書人をCとし，被裏書人をDとした裏書をし，Dにこの手形を譲渡したとき，Dはこの手形をAに対して請求できるかということである。

　裏書の連続は，外観によって判断する。したがって，この場合，受取人欄の記載を変造したといっても，この変造の結果，受取人の名称と第1裏書人の名称が一致するため，ここに，変造行為によって，裏書の連続が顕出される。ところで，裏書の連続の有無は，外観によって判断すべきとされ，裏書の真実性は問題でなく，偽造，変造の裏書でも除外されず，この場合，裏書は連続していることになる（最高裁の判決）。

71

(7) 裏書の連続と善意取得

1）手形法の規定

手形法は，

「事由ノ何タルトヲ問ハズ為替手形ノ占有ヲ失ヒタル者アル場合ニ於イテ所持人ガ前項ノ規定ニヨリソノ権利ヲ証明スルトキハ，手形ヲ返還スル義務ヲ負ウコトナシ。但シ，所持人ガ悪意又ハ重大ナル過失ニ因リ之ヲ取得シタル時ハ此ノ限リニアラズ」（同法16条2項）。

と規定している。これが，いわゆる，手形法上の善意取得に関する規定であるといわれるものである。

そこで，民法上の善意取得の規定と対比してみると次のとおりである。

A）民法：無権利者からの占有の取得が，平穏，公然，善意，無過失でなければならず，盗品，遺失物については民法192条の適用はない。

B）手形法：裏書の連続が重要で，手形法16条の2項は，盗品，遺失物について無権利者からの取得についても適用がある。

2）手形法16条2項の適用範囲

法文は，「占有ヲ失ヒタル者」と規定している。

そして，占有を失うということは，その意によらず占有を失うことであって，盗難，遺失の時に限定される。

<u>反対説</u>は，手形の流通の安全を強調して，無能力，無権代理，意思の瑕疵の場合にも適用されるというが，法律の文言に反するばかりか，無能力，無権代理，意思の瑕疵の制度が全く無視される結果になる。この見解に従うことはできない。

3）手形法16条2項の内容と判旨

裏書の連続した手形を，悪意または重大な過失なく取得した者は，その手形が盗取されまたは遺失したものであるときでも，手形の所持人は，手形を返還する必要がないということである。

約束手形の振出人が作成して机の上に置いてあった手形が盗まれた場合，中間の裏書人が，同様に，手形を盗まれた場合でも，手形の所持人は，振出

人に対しても，裏書人に対しても，手形を返還する必要がないということである。

> [判例①]
> 【事実】
> 　　Y会社は，「A会社名古屋出張所」を受取人とする約束手形を振り出し，甲に交付した。甲はそれに「A会社名古屋出張所取締役所長」という名称で裏書し，X会社に交付した。
> 　　ところが，A会社は，名古屋に出張所を開設しておらず，甲はA会社と何の関係もなかった。
> 【判旨】
> 　　「X会社は，裏書譲渡によりこれを善意で取得し現に所持しているのであるから，甲と自称する者がA会社の代理または代表する権限を有しないにもかかわらずその権限ある旨自称してY会社から本件手形の振出を受け，次いでこれをX会社に裏書譲渡した事実によっては，本件約束手形の所持人たるX会社からこれが振出人たるY会社に対する手形上の権利行使に消長をきたすものでないと解するのが相当である」（最判昭35・1・12民集14巻1号1頁）。
> 【コメント】
> 　　本件の事案では，まず，裏書が連続していることを理解しなければならない。裏書の連続は，偽造，無権代理の裏書でもよく，甲の裏書は無権代理の裏書であるが，裏書は連続しているといえる。
> 　　したがって，裏書の連続している手形を所持しているものは適法な所持人と看做され権利を行使することができる（手形法16条1項）。
> 　　このため，判旨は，上記事件を，手形法16条1項の適用によって解決すべきであり，また，手形法16条1項を適用する旨を明言していないが，そのように読むことができると言えないこともない。
> 　　なお，この約束手形は，振出人，受取人，被裏書人と順次交付され，

占有の喪失は認められない。したがって，本件について手形法16条2項の適用はない。

判例②
【事実】

Aは，B株式会社代表取締役Cと共謀し，振出人をB株式会社代表取締役Aとし，受取人をYとするする約束手形を振り出し，これをYに交付し，Yは，白地裏書（Yの記名押印はあるが被裏書人の記載はない）でXに割引譲渡し，Xはこの手形を割引して割引金を支払った。

Xは，この手形を他に譲渡したが，満期に支払われず，手形を取り戻してYに対して遡求権を行使し，手形金の支払を請求した。

【判旨】

「原審の認定した事実関係の下においては，上告人（Y）は本件手形の真正な裏書人であるというのであるから，被上告人（X）が所論のように本件手形振出人の代表者名儀が真実に反することを知っていたとしても，上告人の裏書人としての手形上の責任は何等の消長を来たさないものというべきである。」（最判昭33・3・20民集12巻4号583頁，手形・小切手判例百選第5版86頁）。

【コメント】

手形に振出人として記載されている「B株式会社代表取締役A」は，偽造である。したがって，Yは，偽造手形の所持人である。

しかし，Yは，割引を受けるためXに対して白地裏書をした。

Yの白地裏書は，手形証券の上になされた裏書であるため，手形行為独立の原則によりその債務負担のための意思表示は有効で，手形の振出行為の無効の影響を受けない。

判旨は正当である。

(8) 抗弁の制限

抗弁とは，訴訟手続において，原告の請求を退けるための被告の主張である。

第1章 約束手形

　民法上の債権譲渡では，多くの抗弁を提出することができるが，手形法は，抗弁の提出を制限した。

　抗弁には，物的抗弁と，人的抗弁がある。物的抗弁は，すべての債務者が提出することのできる抗弁で，人的抗弁は，ある特定の人の間で生じた事由を，その特定の人の間でのみ主張することのできる抗弁である。

　1）物的抗弁
　① この抗弁には，外観で分かる約束手形の記載に関するものである。
　　　約束手形を作成するにつき必要な要件を具備していない手形，有害的記載事項の存在，弁済済み，満期未到来，裏書禁止手形，無担保裏書などの抗弁である。
　② 手形債務の成立を否定する抗弁
　　　手形行為は，一方的法律行為であり，民法の法律行為の理論が適用される。
　　　したがって，意思能力の不存在による無効の抗弁，行為能力の欠缺による取消の抗弁，偽造・変造・無権代理の抗弁がある。
　③ その他の抗弁
　　　供託による手形債務の消滅の抗弁，除権判決の抗弁，時効の抗弁である。
　2）人的抗弁
手形法17条は，
　「為替手形ニ依リ請求ヲ受ケタ者ハ振出人其ノ他所持人ノ前者ニ対スル人的関係ニ基ク抗弁ヲ以テ所持人ニ対抗スルコトヲ得ズ。但シ，所持人ガ其ノ債務者ヲ害スルコトヲ知リテ手形ヲ取得シタルトキハ此ノ限ニ在ラズ。」（同法77条1項1号で約束手形に準用）
と規定している。
　① 約束手形が，

　　　A　→　B　→　C　→　D　→　E　→　F　→　G
　　　保証　遺失　虚偽表示　売買　無権代理　売買
　　　（取消）　　（裏書偽造）（取消）　　　（無効）

Ⅲ 約束手形・為替手形・小切手（各論）

と裏書譲渡され，裏書は，一部偽造，一部無権代理であるが，裏書全体としては外観上連続している。

このような事情の下で，GがAに対し満期に手形を支払のため呈示した。

連続した裏書のある手形を所持しているGは，適法な手形の所持人と看做される（裏書が連続していないとき，Aは，Gに対し裏書の不連続の抗弁を提出できる）。手形法17条によると，次の人的抗弁はを提出できないと規定している。

AはFに対し，

A）A—B間の保証が詐欺によるときその取消を主張できない。これはA—B間の問題だからである。

B）Bは遺失したからCは無権利であるということはできない。

C）Eの裏書は無権代理裏書であるからFは無権利であるということはできない。

D）しかし，F—G間の売買が無効であるとき，Gは手形を不当利得しているため手形をFに返還しなければならない地位にある。

したがって，Aは，Gに対し，不当利得の抗弁を提出することができる。

すなわち，Aは，B，C，D，E，において生じた人的関係を以てFに対抗することはできないという制度である。

　（注意）人的抗弁は，手形行為独立の原則から，ある特定の人と人の関係であって，もともと存在するものが切断されるということではない。人的抗弁が切断されるという考えは誤りである。例えば，戻裏書のとき，いったん切断された人的抗弁が復活することになり説明に窮する。

② 所持人に害意のあるときは，AはGに対して害意の抗弁を提出できる。

普通，民法上では，善意，悪意が問題となり，害意ということはほとんどない。手形法に特有の用語である。

第1章　約束手形

　すなわち，害意とは，Gが手形を取得するとき，AがBに騙されて保証のために手形を振出したことを知り，かつ，自分が手形を取得する時はAが困るということを知っていたときという意味である。
　したがって，Gが，
A）AがBに騙されて手形をBに振出したということを知って手形を取得したとき，
B）Bが手形を遺失し，Cが無権利者であることを知って手形を取得したとき，
であって，結局，違法，不当なことを知り敢えて手形を取得することである。
　この害意の抗弁は，手形債務者が行使することができない人的抗弁を行使することを許すことであって，切断された抗弁が連続することではない。

【要約】
　約束手形が振り出され，裏書がなされ，最終の所持人が，裏書の連続した手形を所持し，裏書が連続していることによって適法な所持人と看做されれ手形上の権利を行使することとなり，この手形上の権利の行使に対して，手形債務者は，抗弁として，物的抗弁と人的抗弁を提出することができるということが分かった。
　それでは，次に，約束手形の振出，裏書，支払について個々の，具体的に問題になる点を指摘して説明したい。

§2　約束手形の振出，裏書，支払に関する諸問題

　以上，約束手形の振出から裏書を経て支払まで，その流れに従って大筋を説明してきた。したがって，ここでは，手形の振出，裏書，支払に関する諸問題について説明したい。

Ⅲ　約束手形・為替手形・小切手（各論）

1　振　　出

振出は，振出人が手形要件を記載した手形用紙に署名することによって振り出される。

したがって，手形振出人の署名が問題になる。

次に，他人による手形行為が問題になる。それは，まず，手形行為能力から始まり，署名の代理，代理行為を説明し，そして，偽造，変造について説明したい。

また，さらに，白地手形についても説明しなければならない。

(1)　手形能力

手形能力には，手形権利能力と手形行為能力がある。

1）手形権利能力

手形を使用することのできる資格をいう。

手形の使用は商人に限られるというとき，商人資格は手形権利能力である。

自然人は，すべて，手形の使用が認められている。

法人は，定款の目的の範囲内でその存在が認められるため，定款の解釈が問題になってくる。

商事会社では，定款の目的の範囲は非常に広く解釈されていて，手形の振出についてはほとんど問題はない。

公益法人については，判例は，比較的厳格に目的の範囲を狭く解釈している。

2）手形行為能力

手形行為能力については，民法の一般原則に従う。

A．未成年者については，民法4条ないし6条の規定に従う。すなわち，未成年者が手形行為をするには，法定代理人の同意を必要とする。

　　一定の範囲で営業の許可を得た者は，その範囲で成年者と同一の能力を有する。

　　未成年者の手形行為はこれを取り消すことができる。

　　取り消された法律行為は，当初より無効となる（物的抗弁）。

第1章　約束手形

　B．禁治産者・準禁治産者についても民法に従う。
　　準禁治産者が保佐人の同意を必要とする行為は，民法12条に規定しているが，手形の振出，裏書は債務負担行為であるから，同条１項２号の借財にあたり，債務を生じない無担保裏書，期限後裏書，取立委任裏書は，同３号の重要な動産の権利に関する得喪にあたる。
　C．手形行為の取消は，取引の直接の相手方にしなければならない。
　D．取消となった手形行為は無効となるが，その他の手形行為はその影響を受けない（手形行為独立の原則）。
　E．手形行為は，署名のときに能力がなければならない。

(2) 手形行為の意思表示の瑕疵

　手形行為に関する意思表示の瑕疵は，民法の一般原則に従う。

　Aは，Bに騙されて品質の悪い商品を購入することとなり，代金の支払のために約束手形を振り出した。手形は，A—B—C—D—Eと裏書譲渡され，EはAに対して手形金を請求した。

　しかし，Aは，Bとの間の詐欺の事由を以てEに対抗することはできない。AとBの間の事項は，人的抗弁だからである。

　さらに，Eに害意のあるときは，どうなるであろうか。

　Eは，単に，AとBの間で詐欺のあった事実を知っているだけでよいのか，さらに，Aに取消権のあることを知っていなければならないのか，さらにまた，取消権が行使され契約が無効になっていることを知っていなければならないのかという問題である。

　Eは，手形を受け取るときは詐欺の事実を知っていればよいが，抗弁を行使するときは取消権が行使されていなければならない。

(3) 署名の意義

　約束手形の振出には，振出人の署名が必要である。振出人は，署名することによって，手形行為により債務負担の意思を表示したことを明らかにするものである。

　そして，署名は，本人の自署が必要である。

しかし，わが国では，署名の習慣がないため，記名・押印を以て署名に代るとされている（手形法82条は「本法ニ於テ署名トアルハ記名押印ヲ含ム」と規定する）。

(4) 署名の代行

ところで，振出人が自ら署名するときは本人の署名ということができるが，本人に代り，使用人が振出人の命令で振出人の名前を書いて署名したときも，わが国では，本人の署名であるということになっている。

しかし，拇印は，その同一性が認められるには，機械と特別な技能が必要であるため，署名の代りとして認められない。

印章は，実印でなくてもよい。いわゆる三文判でもよい。

振出人に代って，署名を代行するものが権限を有しないとき，無権代理となり無効となる。しかし，判例は，この場合でも，追認を認めている。

なお，学説は，一般に署名の代行を認めず，記名押印による場合に限り，代行による記名押印を認めている。

(5) 代理行為

代理行為には，個人の場合と，法人の場合がある。個人の場合でも，代理権が個別に与えられる場合と，包括的に与えられる場合がある。

１）個　　人

個人が，他人に自己の代理人として署名することを委任したとき，代理人は，手形に署名するとき，

　　田中二郎
　　　　代理人　橋本太郎　|署名|　か　|記名押印|

と表記する。

包括的に与えられる場合は，支配人の代理権のような場合である。

２）法　　人

法人には，株式会社のような営利法人と，民法上の公益法人がある。

法人には，それ自体，代表者によって行動することとなっているため，法

人の手形行為は，法人の代表者が代表者であることを示して法人のために行為することを明示しなければならない。すなわち，

　　株式会社　北洋社
　　　　代表取締役　山本一世　印

という形式で行われる。

　この場合，会社名を表示するために，どの程度の表示があればよいかということであるが，登記簿の記載に厳格に一致することは必要でない。会社の同一性があればよく，通称でもかまわないとされている。

　代表資格については，手形法上は，代理と同様に考えられている。社長，頭取，取締役会長，合名会社の業務担当社員などの表示は，代表資格の表示として認められている。しかし，取締役という記載では代表資格を表示しないというのが判例である。また，代表資格の肩書が記載されていなくとも，会社の印影の印文中に代表資格が存在していればよいとされている。

　さらに，手形行為が，法人によってなされたのか，それとも，個人によってなされたのか不明な場合がある。

　|合資会社旅館　安心荘　斎藤シズエ・斎藤　印| という場合，会社の手形行為であるのか，斎藤個人の手形行為であるのか不明であるが，このような場合，手形の所持人は，いずれを主張するかはその選択によるというのが判例である。

　問題は，「株式会社　北洋社」というゴム印を押して，会社印を押すことができるかということである。

　しかし，法人は，代表者によって行動することができるのであり，手形行為に署名を必要とするのは，一方的債務負担行為によって発生した債務をだれが発生させたのであるかを明瞭にすることであり，責任を明瞭にすることのできない上記のような記載は適法なものとして認められない。

　さらに，株式会社で共同代表の定めのあるとき，A代表取締役が，無断で，B代表取締役の名称を使用して手形を振り出したときの責任であるが，下級

審の判例は会社の手形行為としては適式であるとし，会社の責任を認めた（広島高判昭36・10・23高民14巻498頁）。

しかし，会社の代表取締役が共同代表であるとき，すべての代表取締役が手形の振出に署名しなければ振出は無効である。

A代表取締役が単独で手形を振り出したとき，単独の表見代表取締役の外観を呈するとき，商法262条の規定で会社は責任を負う。

しかし，本件の場合，A代表取締役は，B代表取締役の名称を使用したのであり，ここに，偽造行為が介在する。したがって，A代表取締役は，B代表取締役の名義を冒用し偽造手形を発行したということで，会社は責任を負わないと考えられる。

3）法人格のない民法上の組合

民法上の組合が約束手形を振り出すときは，組合員全員が手形に署名しなくてはならない。しかし，代表者が決まっていて，代表者の資格で振り出されたときは，この振出行為は適法であると考えられている。

(6) 無権代理

代理人によって手形行為をするには，代理権が必要である。代理権のない手形行為は無効である。

A代理人Bと記載してあっても，Bが代理権を与えられていないとき無権代理となる。この場合，Aは，代理権を与えていないから手形行為の効力を受けることなく，また，Bは，自己のために手形行為をしたのではないから手形行為の効力は代理人に及ばない。

しかし，これでは，無権代理行為は，誰も責任を負担することがなくなるため，手形法は無権代理人にその責任を負担するよう定めている（手形法8条）。

1）自らその手形による義務を負担する。

署名の代理，または，記名押印をしたものが無権限であるとき，これは，手形の偽造であって，追認によって本人に効力を及ぼすことができない。

2）その者が支払をしたときは本人と同じ権利を有す。

その者が手形金を支払ったとき，手形を取得する。この場合，本人と同じように遡求権を有するということである。

3）権限を越えた代理人についてもまた同じ。

手形行為についても権踰越の際の民法110条の表見代理の規定が適用される。相手方が，本人がこれを本当に振り出したものと信ずるにつき正当の理由のあるときは，同条の適用がある。

4）自己を表示する名称として他人名義を用いた署名は，自分自身の署名と見るべきであり，手形金支払の義務を負う（この見解は，判例・通説であるが，誤りと考える——後述する）。

5）実在する会社の代表取締役として約束手形を振り出した者は，会社の商号変更および代表取締役の選任未登記の場合でも，個人として手形上の責任を負うものではない。

【コメント】

会社が実在するとき，会社の代表取締役の署名は形式が整っているため有効としたのである。

6）会社が実在しないとき，法人の名義で約束手形を振り出した者は，本条の類推適用により振出人としての責任を負うべきである。

【コメント】

会社が実在しないとき，いかに形式が整っていても，無権代理で，偽造である。

7）株式会社の代表取締役について共同代表の定めがあり，その旨の登記がされていても，代表取締役の一人が単独で行った手形行為について，商法262条の規定（表見代表取締役）の類推適用がある。

8）会社が，自己の取締役が代表取締役を兼ねている他の会社に宛て約束手形を振り出す行為も，原則として商法265条（取締役と会社間の取引）のいわゆる取引に当たり，会社はこれにつき取締役会の承認を要し，その承認を受けない手形の振出は無効であるが，その無効を以て第三者に悪意のない限り対抗できない。

【コメント】

この取引は，自己の会社と他の会社の間の取引で，手形法上その無効は人的抗弁になると考えられる。

(7) 偽造・変造

1) 偽　造

最近は，判例も学説も，取引の安全から偽造の範囲をしだいに狭く考えるようになり，手形法 8 条の無権代理人の規定を準用しようとする傾向が強い。

しかし，偽造とは，他人の名義を使用して他人名義の文書を作成することである。この原則を忘れてはならない。

A. 手形法 7 条に「偽造の署名」という規定があるが，その内容について説明していない。

ところで，署名を偽造するということは，A が B の同意を得ないで恣意に B 名義の文書を作るということである。

真正な署名のされた手形用紙に，無権限の第三者が手形要件を記入するのは偽造に当たる。

なお，白地手形の補充権の濫用は偽造でない。

また，通説・判例は，代理方式で権限のないときは無権代理で，代行方式で権限のないときは偽造であると解している。

偽造の手形は，無効であるから，被偽造者は責任を負わない。

無効なのは，その手形の署名だけであって，その他の手形行為は影響を受けない。

B. 追　認

最近は，偽造の手形行為についても追認が認められ，遡及効も与えられる。

また，被偽造者の側に，手形用紙の管理が悪かったり，印鑑の保管に落度があったとき，民法の表見代理の規定（110 条）が準用される。

第1章　約束手形

［判例］他人の氏名による署名
【事実】
　Yは，自分の同族会社の代表取締役であるところ，この会社が不渡処分を受けたため，欲しいままに自分の弟であるBの銀行口座を開設し，B名義で手形を振り出していたという事案である。
【判旨】
　「このような事実関係のもとにおいては，訴外Yは，自己を表示する名称としてB名義を使用したものと認めることができるから，その名義を用いた手形署名はY自身の署名と見るべきであり，したがって，Yは，本件約束手形の振出人として，その手形金支払いの義務を負うものといわなければならない」（最判昭42・12・12民集22巻13号2963頁，手形小切手判例百選第5版6頁）。
【コメント】
　判旨は，「自己を表示する名称としてB名義を使用したものと認めることができる」というが，これは署名の偽造で，どうして，振出人が他人の名称を使用した自分の署名ということができるのであろうか。
　この利用にして，偽造手形をとかく理由を付けて有効とすることは，その事件を救済することはできても，それ以後の偽造を防ぐことはできず，結局，法の権威は失墜する。

2）変　　造
A．手形の変造とは，権限なくして有効な手形の内容を変更することである。
　　偽造…主体を偽ること→署名の変更は偽造となる。
　　変造…内容を偽ること→満期，金額の記載を変更することが多い。
　　　　　　　　　　被裏書人の署名の変更も変造である。
B．変造の方法は，抹消，削除，改変，新文言の追加など，その方法を問わない。
　　約束手形の振出人と所持人が満期の延期の合意をしても，裏書人の同

Ⅲ　約束手形・為替手形・小切手（各論）

意のないときは有効でない（変造になる）。

C．変造の効果

変造前の署名者は，変造前の文言に従って責任を負担し，変造後の署名者は，変造された文言に従って責任を負担する（手形法69条）。

D．変造の立証責任

手形所持人が負担する。

(8) 手形要件の欠缺

手形要件が欠けているとき，手形は原則として無効であるが（76条1項），しかし，手形法は，一定の場合，これを救済する規定を設けている。

1）満期の記載のないときは一覧払とする。

2）振出地は支払地にして振出人の住所地と看做す。但し，規定のあるときを除く。

3）振出地の記載のない時は，振出人に付記した地を振出地と看做す。

4）手形の支払金額を文字および数字で記載し，その金額に相違のあるときは，文字の記載を優先する（6条1項）。

文字または数字の記載が重複し，数字に相違のあるときは，その最小の金額による。（同条2項）。

(9) 白 地 手 形

約束手形は厳格な要件の定められた証券である。そして，必要な要件を欠くときは証券が無効になる。

1）白地手形とは

商慣習法は，白地手形として，約束手形の必要な要件の欠けた手形の流通を認めている。

そして，また，手形法も，白地手形の存在を認めることを前提にして白地手形に関する規定（10条）を設けている。

「未完成ニテ振出シタル為替手形ニ予メ為シタル合意ト異ナル補充ヲナシタル場合ニ於イテ其ノ違反ハ之ヲ以テ所持人ニ対抗スルコトヲ得ズ。但シ所持人ガ悪意又ハ重大ナル過失ニ因リ為替手形ヲ取得シタルトキハ

此ノ限リニアラズ」。

ここで，未完成と不完全の違いが問題になる。

　　未完成手形（白地手形）＋補充権＝有効な手形
　　不完全手形（補充権がない）　　＝無効の手形

である。

　　白地手形の定義：「白地手形トハ，後日，他人ニ手形要件ノ全部又ハ一部
　　　　　　　　　　ヲ補充サセル意思デ故意ニコレヲ記載シナイ紙片ニ署名
　　　　　　　　　　シテ発行スルモノヲ指称スル」（大判大10・10・1民録27
　　　　　　　　　　輯1676頁）。

2）白地手形の要件

A．振出人，受取人，裏書人など，誰か1名の署名または記名押印のあること。

　　したがって，振出人の欄が白地であるとき，振出人について補充権が与えられているということができる。

　　すでに，為替手形は振出人の署名で有価証券になるということを説明したが，この説明は白地手形にも妥当する。すなわち，白地手形に誰か一人の署名があれば良いということである。

B．手形金額を白地にし，手形金額について補充権を与えることもできる。

C．満期，振出日，受取人の各欄を空白にし，補充権を与えることができる。

3）白地手形と補充権の濫用

A．補充権は手形に化体される

　　白地手形とは，後日，手形要件を補充することを予定して振り出された未完成手形である。

　　約束手形の振出人が，手形行為という一方的法律行為により債務負担の意思表示をしこの債務から抽象的な手形債権が発生する。そして，この手形債権は手形証券に化体され証券に含まれる。このようにして証券は価値を与えられ有価物となる。

　　同様に，白地手形についても，手形に署名する者が，手形に署名する

ことにより手形を作成するため必要的記載事項を記載する義務が発生し，この義務から白地の空白欄を補充する権利が発生し，この権利が補充権として手形証券に化体され，証券が補充権を含むこととなる。

そして，この補充権は，証券の一部としてその中に含まれ，証券が移転するとそれに伴って移転する。

B．補充権の濫用

したがって，手形上，補充権の内容は白紙委任であるから，手形の所持人がどのように補充してもそれは常に有効である。

なぜならば，手形補充権に関する合意は，手形外の実質関係上の合意であり，手形の中には含まれない。

したがって，補充権の濫用も，手形に関するものと，手形外の実質上の権利関係に属するものに別れる。

① 補充権の濫用と手形証券

この点について，手形法は，上記の通り，

「合意ト異ル補充ヲ為シタル場合ニ於テハソノ違反（補充権の濫用）ハ之ヲ以テ所持人ニ対抗スルコトヲ得ズ」（10条），

と規定している。

これは，すなわち，補充権の濫用があっても，所持人に対し主張することができないということである。なぜならば，補充権の濫用があっても，それが手形に記載されているのみで，善意の第三者は，その記載が濫用によるものか否か判断することができないからである。

判例は，「悪意又は重大な過失なしに手形を取得した者が，約旨に反し補充権を濫用して補充したときは手形法10条の規定が適用される」

と判旨した。

これは，手形所持人の補充権の濫用も原則として，抗弁できないということで，抗弁を提出するには，所持人の悪意または重大な過失を立証しなければならないということである。この判例は，上に述べた

第1章　約束手形

ところに一致する。

②　補充権の濫用と手形外の実質関係

補充権の内容は手形外の契約によって決められる。したがって，補充権の濫用については契約の違反ということで，当事者間でこれを主張することができ，手形との関係では人的抗弁になる。

C．補充権は手形外の契約であるという主観説の批判

①　補充権は，手形外の契約による権利であるから，手形証券に化体されていない。

②　したがって，手形が譲渡されても補充権は譲渡されない。学説・判例は，補充権は手形と共に譲渡されるというが，その根拠はない。

③　補充権を譲渡するには，手形の譲渡の他に補充権を譲渡する別の契約が必要である。

④　このため，5回の手形の譲渡があると，5個の補充権を譲渡するための契約が必要である。

⑤　しかし，補充権を譲渡する契約は，契約の当事者のみを拘束する相対的な効力を有する契約で，手形を譲渡する引渡はすべての人々に対して主張することのできる絶対的な権利の移転であって，この両者は結び付かず，相互に，無因とならざるを得ない。

4）白地手形の譲渡方法

白地手形は，通常の約束手形と同様に，裏書，引渡によって譲渡され，補充権も手形に化体されているため白地手形の譲渡にともなって譲渡される。

この譲渡の方法は，原因関係と無因で，すべての人々に対して有効な絶対的な譲渡方法である。

5）白地手形の権利行使

原則として補充しなければ権利の行使はできない。

しかし，時効の中断は，補充しなくともできるというのが判例である。

6）補充期間

振出人に対しては，主たる債務が時効になるまで補充すればよく，満期か

ら3年である。

裏書人に対して遡求権を行使するには，適法な呈示をする必要があり，満期，またはその後2取引日以内である。

なお，満期白地の約束手形については，補充権の消滅時効は，商事時効の5年とされている。

また，白地手形のまま手形上の権利を行使し，その後，補充権を行使して完全な手形としても，以前の無効を有効とすることはできない。

7) 補充権の濫用

上に述べた。

8) 白地手形の喪失

A. 除権判決を得ることができる。

   しかし，補充権を行使して白地を補充していないため，権利を行使することはできない。

B. 除権判決を得たとしても手形の再発行を求めることはできない。

2　裏　　書

裏書は，裏書文言を記載して債務負担の一方的意思表示をして手形証券を引き渡すことによってなされる。

次に，裏書の方式，効果，特殊の裏書について説明したい。

(1) **裏書の方式**

裏書の方式というのは，どのようにして裏書をすればよいかということである。

1) 記名式裏書

A. 裏書人が被裏書人を指定して署名する。A—B（Aの署名）

B. 統一手形用紙では，「表記金額を下記被裏書人又はその指図人にお支払いください」と記載されている。

C. 被裏書人を複数にすることも可能であるが，次に，これらの者が裏書をするときは，すべて，共同して裏書をしなければならない。

2）白地式裏書

裏書人のみが署名し，被裏書人の氏名を書かない。

A（署名）のみ

裏書人：田中二郎　　被裏書人　　白地

この裏書も正式の裏書であって，未完成の裏書ではない。

この白地式裏書で手形を取得した者は，

A．被裏書欄に自己の名称を記載して裏書をする。

B．被裏書欄に記載することなく裏書をして譲渡する。

C．何ら記載することなくそのまま引き渡して譲渡する。

D．自己の名称を記載することなく，被裏書人欄に譲渡の相手の名称を記載する。

(2) 有益的記載事項

1）無担保文言

裏書は債務負担の一方的意思表示であるため，その意思により，遡求責任を負担しない旨の意思表示をすることができる。

2）裏書禁止文言

A—B—C—D—Eと手形が流通するとき，Cが裏書を禁止の文言を記載したとき，Cは，Dに対して責任を負担するが，Eに対しては責任を負担しない。

3）裏書の日付

4）裏書人の宛所

手形所持人が遡及権を行使するとき，その宛所に対して通知を発することになる。宛所の不明なときは，その前者に通知することができる。

5）拒絶証書作成免除文句

振出人が記載したときは，すべての手形権利者に対して，裏書人が記載した時はその裏書人に対してその作成が免除される。

現在，統一手形用紙には，この免除の規定が記入されている。

(3) 裏書の効果

1）権利移転的効力

裏書は，債務負担の意思表示であって，これだけでは権利は移転しない。

権利の移転は，手形の引渡である。この手形の引渡によって，手形上のすべての権利が移転する。

判例は，振出人の民事保証人に対する保証債権も移転するという。

2）担保的効力

裏書は，債務負担の意思表示であって，担保的効力を有するのは当然である。

したがって，満期において，振出人に対する呈示が履行されず，手形所持人が遡求権を行使して前者に遡求するとき，手形に裏書した者は，手形債務の支払義務がある。

3）資格授与的効力

裏書の連続した手形を所持する者は，適法な所持人と看做される。

このようにして，手形の裏書の連続は，所持人に適法な所持人という資格を与えるというのである。

この資格授与手効力は，裏書が連続しているとき，その全体の効力によって認められるのか，あるいは，個々の裏書の集積によって認められるのかという問題がある。

裏書が，偽造，無権代理，無能力者の行為，未登記の会社の裏書などであっても，外見上，裏書が連続していればよいということである。したがって，これは，裏書全体の効果であって，個々の裏書の集積ではない。

個々の裏書がそれぞれ，資格授与的効力を有するということを前提にするようであるが，しかし，そうだとすると，偽造の裏書も資格授与的効力があるということになるが，この見解は不当である。

したがって，裏書の連続が断絶している手形の最終の所持人は，適法な手形の所持人と看做されない。

また，連続している裏書が途中で断続しているとき，断絶している部分を証明して架橋すれば手形の所持人は，手形上の権利を行使することができる

というのである。そして，実務上，このような取扱いもやむをえないかもしれないが，しかし，理論上は，全く受け入れられない。なぜならば，裏書の断絶している部分の証明を許すことになると，今度は，偽造の裏書を偽造といって否認することができるようになり，手形法が，裏書の連続に資格授与的効力を与えていることが全く無意味なものになってしまう。この解釈はきわめて不当である。

なお，裏書の連続については，すでに説明したが，とくに問題になるのは，次の諸点である。

A．連続している裏書の中に白地式裏書が介入している場合でも裏書の連続を妨げない。白地式裏書によって手形を取得した者は，手形を適法に取得したということで裏書は連続する。

B．民事承継の場合

相続のとき，被相続人の名称と相続人の名称は異なる。

しかし，手形に，A相続人Bと記載することによって連続が認められる。

転付命令のときは，取得原因を記載しても連続は認められない。

最近，裏書権の存在を主張し，転付命令に付随して裏書権が移転し，裏書の連続を認めようとする見解がある。しかし，裏書の本質は，債務負担の意思表示であることを忘れてはならない。

(4) 特殊の裏書

1）戻　裏　書

戻裏書というのは，文字どおり，手形義務者が新たに，被裏書人として手形を取得することで，これを図式にすると，

　　　　　手形が，A―B―C―D―E―G―D　と

流通することである（手形法11条3項）。

約束手形を一個の有価物と考えると，裏書譲渡したDが後にこの手形証券を再び取得することに何の問題も生じない。

債権と債務の混同を生じることもない。

但し，旧い判例であるが，為替手形の引受人（主債務者）が満期後拒絶証書作成期間経過前に戻裏書を受けたとき，混同によって主たる債務は消滅するといっている。

なお，人的抗弁であるが，CがDに対して主張できる抗弁は，DがGより戻裏書を受けたからといって消滅しない。

なぜなら，それは，CとDとの人的関係によるものであって当然のことである。

しかし，人的抗弁は，裏書によって切断されるという通説の見解ではこれを説明することは難しい。

また，戻裏書に代わる方法として，裏書を抹消することもできる。

上の例で，G―Dの裏書をすることなく，―E―Gの裏書を抹消することによって裏書の連続を維持することができる。

この場合，DはGより引渡によって手形証券を取得するが，Dが手形上，適法な所持人であるということを表示するためそれに必要な抹消行為をするのである。

さらに，Dは，A，B，Cに対して償還請求ができるが，E，Gに対してはできない。

2）取立委任裏書

A．取立委任裏書とは，裏書人が被裏書人に対して手形上の権利を行使することを目的として代理権を付与するための裏書である。

裏書の方法としては，「取立ノ為」，「回収ノ為」と記載する。

取立委任裏書は，記名式のほか白地式ですることもできる。

B．裏書禁止裏書のある手形について取立委任裏書ができるか否か争いがある。

ところで，手形が，A―B―C―D―E―Fと流通し，

Aが裏書禁止裏書をしたとき，B―C，C―D，D―E，E―F，間の手形の譲渡は，指名債権譲渡の方法でなされ，取立の委任も民法による代理形式でなされることとなり，手形法による取立委任裏書は予定さ

れていない。

　裏書の禁止によって，それ以後の裏書は禁止される。したがって，取立委任裏書も裏書であるため禁止されるのは当然である。

C．代理権の内容としては，手形金の請求のほか，裁判上または裁判外の取立に関する一切の行為をすることができる（手形法18条1項本文）。

　手形金取立のための行為で，白地手形の補充，手形の返還請求（同法16条但書），拒絶証書の作成，遡及の通知，公示催告の申立をすることができる。しかし，利得償還請求権については，手形上の権利ではないため裏書に関係なく，取立人の裏書の委任の範囲に入らないため，利得償還請求権を行使することはできない。

D．取立委任裏書の裏書人は，手形上の権利を失うことなく，取立委任裏書を抹消することなく手形を回収すれば，手形上の権利を行使することができる。

E．再取立委任裏書

　被裏書人は代理権を行使することもできるが，さらに，取立委任裏書をすることもでき，再取立委任裏書といわれる（手形法18条1項但書）。

　再取立委任裏書は，代理権の譲渡かあるいは複代理人の選任かという問題があるが，同法18条1項但書によると，「所持人ハ代理ノ為ノ裏書ノミヲ為スコトガデキル」と記載されていて，複代理を選任することができると記載されていない。法律の文言に忠実に解釈すべきである。

　被裏書人が権利を行使するとき，手形債務者は，裏書人に対する抗弁をもって対抗することができる。

F．代理権は，裏書人が死亡し，または，無能力となっても消滅しない（手形法18条3項）。

G．裏書人の地位

　裏書人は，手形上の権利も失わないし，形式的資格をも失わない。

　手形を回収すれば，裏書を抹消しなくとも権利の行使ができる。

3）隠れた取立委任裏書

Ⅲ　約束手形・為替手形・小切手（各論）

　表面上は，裏書譲渡の形式をとりながら，実質は，取立委任裏書であるというときこれを隠れた取立委任裏書という。

　これは，実際上しばしば利用されているが，被裏書人が満期前に手形の割引を受け手形金取立の目的を達するためである。

　最後の裏書が白地式である手形を取立委任の目的で単なる引渡で譲渡したとき，隠れた取立委任裏書であるか否かの問題が生じる。

　A．法 的 性 質

　　①　信託譲渡説　　当事者間では，如何なる合意がなされようとも，形式上は，通常の裏書譲渡であるから，手形上の権利は被裏書人に移転する。

　　　　この法律上の形式と処理の方法をもって，実質は，取立委任裏書ということはできない。

　　②　資格授与説　　被裏書人に取立の資格が与えられ，取立に必要な権限を行使することができるが，手形上の権利は取得しないとする見解である。

　　　　しかし，通常の譲渡裏書がなされているのを全く無視するのは不当である。

　　③　相対的権利移転説　　この見解は，当事者間では手形上の権利は移転しないが，第三者の関係では手形上の権利が移転するというのである。

　　　　しかし，これほど手形理論に反し誤った見解はない。

　　　　なぜならば，手形理論は，手形の流通を促進するため無因制度を導入し，手形上の権利の移転は，当事者間ばかりでなく，すべての第三者の関係でも，同時に，かつ同一に行われるということから出発した。

　　　　しかるに，この理論は，無因性を導入した趣旨を全く理解せず，再び，当事者間の関係と，対第三者に対する関係を切断して別々に考えようとするもので，到底受け入れることのできないものである。

　B．隠れた取立委任裏書の法律関係

隠れた取立委任裏書といっても，手形上は通常の譲渡裏書であるから，手形上の権利は被裏書人に移転し，何人といえどもこれに反することを述べることはできない。

　「隠れた取立委任」の部分は，当事者間の信頼に基づくものであって，実質関係の問題として解決すべきである。

　したがって，裏書の連続した手形の所持人は，手形の適法な所持人と看做され，手形上のすべての権利を行使することができる。

　問題その1は，手形債務者が，被裏書人の請求に対し，裏書人に対する人的抗弁をもって対抗できるかということである。

　これに対する回答は，対抗できないということである。

　そして，さらに，手形債務者が，被裏書人の手形金の請求に対して，取立委任であるということで支払を拒むことができるかということであるが，これもできないということになる。なぜならば，被裏書人が，手形の権利者であるときと，単に，取立委任を受けているにすぎないときであっても，いずれにしても手形金を支払わなければならないということであるから，手形債務者は支払を拒むことはできない。

　しかし，裏書人から被裏書人に対する裏書は，通常の譲渡裏書で，この裏書には実質関係が必要であるところ，隠れた取立委任裏書には，手形の裏書譲渡に相応しい実質関係は存在しないと考えられる。したがって，手形債務者は，被裏書人に対し，手形の実質関係の存在しないことを理由に支払を拒むことができる。

　問題その2は，手形の所持人が，満期前に手形を割引きあるいは満期に手形を呈示して手形金を受領したときである。

　通常の裏書譲渡（原因関係の存在が必要）であるならば，手形の所持人は，この金額を保有することができるが，取立委任の趣旨であるならば原因関係は存在しないと考えられ，手形の所持人の手形金の保有は不当利得になる。

C．取立委任契約の解除

Ⅲ　約束手形・為替手形・小切手（各論）

　　　　隠れた取立委任契約が解除されても，手形上の権利は裏書人に復帰しない。
　　　　裏書人が手形の返還を受けたときは，自己の裏書を抹消すれば形式的資格を回復し権利を行使することができる。
　　　　また，裏書を抹消しなくとも実質関係を証明すれば権利の行使は認められるというのが判例である（最判昭31・2・7民集10巻27頁）。
　　　　しかし，手形債務者は，裏書人の請求に対し隠れた取立委任契約の解除をもって対抗することはできない。
　　　　（債務負担行為は無因，手形上の債権の移転行為は有因と解するとき，取立委任契約の解除により手形上の債権は裏書人に復帰するという。しかし，この見解では，手形の所在と手形債権の所在が分離して不当である）。
　　　　信託譲渡説によれば，裏書人が破産しても手形は裏書人の破産財団属さず，被裏書人が破産したときはその破産財団に属する。
　　D．訴訟信託の禁止
　　　　隠れた取立委任裏書が，主として，訴訟によって手形金を取り立てることを目的とするときは，この裏書は訴訟信託として無効である。
　4）質　入　裏　書
質入裏書とは，手形上の権利の上に質権を設定する目的で，その旨を手形に記載する裏書をいう。これを公然の質入裏書という。しかし，実際上はほとんど行われない。
　　A．要　　　件
　　　　一般の裏書の方式のほかに，「担保ノ為」「質入ノ為」，その他質権設定を明らかにする文言を記載し，かつ，質権者に手形を引き渡さなくてはならない。
　　B．効　　　果
　　　①　質入裏書によって手形上の請求権の上に質権が設定され，手形は質権者が所持することとなり，質権者は，満期に手形上の権利を行使し，

第1章　約束手形

受領した手形金を以て自己の債権に優先的に充当することができる。

　なお，質入裏書は，手形の所持人に資格授与的効力を与えることができる。

　さらに，質入裏書には担保的効力が認められる。

② 被裏書人は，その手形から生じる一切の権利を行使するために必要な一切の裁判上および裁判外の行為をすることができる（手形法19条1項本文）。

　この裁判は，被裏書人が当事者となるのであって，裏書人の代理ではない。

　被裏書人は，取立委任裏書ができるにすぎない。

③ 質入裏書も質権の一種であるから，民法の質権の付従性の原則が適用され，被担保債権が存在しないときあるいは消滅したときは，質権も存在しない。

　質入裏書は，民法の債権質の特則になるため，質権者は，手形金額が被担保債権の額を超過しても手形金の全額について請求することができ，超過分についてはこれを返還しなければならない。

　また，被担保債権の弁済期が未到来のときは，供託すべしという見解が有力である（当然である）。

④ 手形債務者は，裏書人に対する人的抗弁を以て質権者に対抗できない（手形法19条2項本文）。しかし，被裏書人は害意を以て手形を取得したときはこの限りでないと定められている（同条同項但書）。

　例えば，被裏書人が，裏書人において原因関係が無効で存在しないにもかかわらず手形を所持していることを知り，かつ，質入裏書により手形を取得したときは，被裏書人において害意があるということができる。

　しかし，手形債務者は，被担保債権の存在しないかまたは消滅したとき被裏書人に対して無権利の抗弁を提出することができる。

⑤ 手形金額が，被担保債権の額を超過したとき，超過部分については

隠れた取立委任裏書の性質があるため、手形債務者は、裏書人に対する人的抗弁を以て対抗できる（隠れた質入裏書について同旨）。

⑥　質入裏書についても、質権の善意取得が認められる。

5）隠れた質入裏書

隠れた質入裏書とは、実質は、質入の目的であるにも拘らず、譲渡裏書の方法によることをいう。

したがって、手形の所持人は、さらに譲渡裏書をすることもできるし、質入裏書することもできる。

隠れた質入裏書（形式は譲渡裏書）は、手形外で、手形金の弁済充当権がある。

隠れた取立委任裏書（形式は譲渡裏書）上記弁済充当権はない。

6）期限後裏書

満期後の裏書ではない（「満期後ノ裏書ハ満期前ノ裏書ト同一ノ効力ヲ有スル」手形法20条1項本文）。支払拒絶証書作成後または支払拒絶証書作成期間経過後の裏書をいう。

A．要　件

支払拒絶証書作成後という意味は、手形が支払われなかったことを証券上示しているということである（同条同項但書）。

支払拒絶証書作成期間経過後という意味は、この期間が経過しても手形は支払われていないということである。

その結果、手形の信用は低下し、手形として流通することはできず、手形債権は民法の指名債権譲渡の方法でなされる。

ところで、ここでいう民法の指名債権譲渡の手続とは、まず、債権譲渡の合意と証券の引渡が必要で、次に、対抗要件として債務者に対する通知または承諾が必要である。

さらに、第三者に対する対抗要件は確定日付のある通知または承諾である。

（したがって、債務者の通知または承諾に確定日付があればよい）。

しかし，実務では，拒絶証書作成免除の規定があるため，支払が拒絶されても支払拒絶証書は作成されないのが普通である。

　支払拒絶が手形上明白な場合を除き，支払拒絶証書作成期間経過前でかつ支払拒絶証書未作成であるとき，支払拒絶後の裏書は期限後裏書であるか，通常の裏書であるかが問題になる。学説は，一般に，期限後裏書であると解していたが，最近，判例は，満期前の裏書であると解するようになった。

　満期後の裏書も，満期前の裏書と同様の効力を持っていると考えられているからである。

　期限後裏書であるか否かは，記載されている日付によるのではなく，実際に裏書された日によって決めるのである。

　裏書に日付のないときは支払拒絶証書作成前の日であると推定される。

　期限後裏書であることは手形債務者の立証責任であるが，立証することができると，裏書人に対する人的抗弁を被裏書人に対して対抗することができる。

　裏書は白地式でもよい。

B．効　　果

　期限後裏書は，指名債権譲渡の効力しか認められない。したがって，権利移転的効力，資格授与的効力は認められるが，担保的効力は認められず，裏書人に対する人的抗弁も被裏書人に対抗することができる。

　善意取得が認められるか否かについて争いがあるが，期限後裏書は，手形法による流通の保護を受けなくなった状態であるので，善意取得は認められないということである。

　ただし，期限後裏書が指名債権譲渡の効力しか認められないが，手形に裏書をすることによって手形上の権利を譲渡することができ，さらに，対抗要件として，債務者に対して債権譲渡の通知する必要がある。

　この裏書に担保的効力を認めなくとも，この裏書以前に保全されている遡求権はこの裏書によって被裏書人に移転する。

Ⅲ　約束手形・為替手形・小切手（各論）

3　手形保証

(1) 定　　義

手形法は，「約束手形ノ支払ハ其ノ金額ノ全部又ハ一部ニ付キ保証ニ依リ之ヲ担保スルコトヲ得」（手形法77条3項・同法30条1項）

「第三者ハ前項ノ保証ヲ為スコトヲ得手形ニ署名シタル者ト雖亦同ジ」（同条2項）と規定している。

したがって，手形保証というのは，振出，裏書，などによって生じた手形債務の全部または一部について担保する目的でこれと同一の内容の手形債務を負担することであり，手形理論からいうと，手形保証は，手形債務負担を目的とした一方的法律行為である。

(2) 要　　件

手形保証は，手形，補箋，副本の上に「保証」またはこれと同一の意義を有する文言を記載し，被保証人を記載し，署名することを要する。

特定の裏書人の署名に連続して署名するときは，その署名の位置によって手形保証であることが明白であるときは被保証人を表示する必要はない。

これに対し，手形の表面に為された署名は，保証文句がなくとも振出人の署名でない限り，被保証人の記載のないときは振出人のために保証したものと看做される（手形法31条3項，略式保証）。

被保証人になることのできる者は，振出人，裏書人であるが，手形債務を負担しない無担保裏書人や期限後裏書人は，被保証人になることはできない。

手形保証人になるのは誰でもよい（手形法30条2項）。

手形保証は，いつでもできる。しかし，被保証債務が時効などで消滅したときは保証することができない。

手形保証は，手形金の一部に限ってすることもできるが，不単純保証は許されないと解する。

償還義務者の手形保証人は，拒絶証書作成を免除し，予備支払人の記載をすることができる。

手形保証は，保証人と被保証人の間で保証を委託する旨の契約によってな

されるが、これは手形外の実質関係で、手形保証の効力に影響を与えない。

(3) 効　果

1) 手形保証債務の従属性

手形保証人は、被保証人と同一の内容の責任を負担する。

しかし、手形行為独立の原則により、保証債務は、主たる債務の方式の瑕疵を除き、その効力の無効の影響を受けない。

また、手形債務者の合同責任により、手形保証人は、催告の抗弁、検索の抗弁を有しない。

さらに、手形保証人が数人いるときでも、分別の利益を有しない。

しかし、主たる債務が弁済、更改、相殺、免除、時効などで消滅したときは、保証債務も消滅する。

なお、被保証人に対する履行の請求は、保証人にその効力を及ぼさない。

2) 手形保証人は、被保証人の抗弁を援用できるか

手形保証人が所持人に対して被保証人の抗弁を援用することができるかという問いに対して、手形保証債務の独立性から通説・判例はこれを否定する。

問題は、振出人のために手形保証のなされた約束手形の受取人が、手形振出の原因関係の不発生が確定した後に手形保証人に対し手形上の権利を行使することは、特別の事情のないかぎり、権利の乱用に当たり、受取人から裏書譲渡を受けた手形所持人につき手形法17条但書の要件が存するときは、手形保証人は、その悪意の手形所持人に対しその権利濫用の抗弁をもって対抗できると判示するに至った（最判昭45・3・31民集24巻3号182頁）。

```
振出人      ―――      受取人   ――   手形所持人
     原因関係不発生                17条但書（害意）
手形保証人
```

（これを説明すると次の通りである）

A．振出人と受取人の間では、原因関係の不存在により、受取人の手形の

所持は不当利得である。

　受取人が手形保証人に対し手形金の支払を請求するとき，手形保証人は，受取人に対し，手形の不当利得を理由に権利の濫用の抗弁を提出することができる。

B．手形所持人は，原因関係の不存在を知り，受取人の手形の取得は不当利得を構成することを知っていて手形を取得し，手形保証人に対し手形金の請求したときは，手形保証人は，手形の所持人に対し権利乱用の抗弁を提出できる。

　判旨は正当である。

3）保証人の求償

民法上，保証人が債務者に代わり債務を弁済すると，保証人は，債権者の有した一切の権利を取得する。

手形法においても，手形保証人が手形債務者に代わって手形債務を弁済したときは，手形債権者の有した一切の権利を取得する。

この権利の取得に際し，手形保証人は，手形債務者が手形所持人に対し有していた人的抗弁を対抗されるかという問題がある。

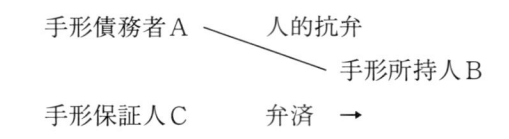

```
手形債務者A ────── 人的抗弁
                    ╲
                     ╲ 手形所持人B
手形保証人C        弁済　→
```

A．Aは，Bに対し人的抗弁を有している。

B．Cは，Bに対し手形金を支払い，BのAに対する権利を取得した。

そして，この権利を取得するということは，手形法によれば，

　「為替手形（約束手形のこと）カラ生ズル権利」（同法32条3項）

であって，義務またはその他の不利益について規定していない。

ところで，AがBに対して有する人的抗弁は，Bにとって不利益なことであり，この不利益は，Cの弁済によってCが取得またはCに移転するとは規

定されていない。

したがって，Cは，AのBに対する人的抗弁を対抗されることはない。

4）隠れた保証と民事上の保証

振出人AがBから借りている借入金の返済のために受取人をBとする約束手形を振出し，CがAのために手形保証をしたとき，Cは民法上，Aの保証人になっているかという問題である。

従来の判例はこれを肯定し，学説もこれに追従するものも多かった。

手形法上の問題は，原因関係とは無因であるというのが手形理論である。したがって，手形上に手形保証をしたからといって，民法上の保証をしたということにはならない。

また，実際に，手形保証をする手形保証人は，民法上の消費貸借の債権者を知っていることもあれば，知らないこともあり，手形保証人が，民法上の保証をしたというには，民法上の保証契約をしなければならない。単なる手形保証で，民法上の保証をしたということはできない。

判例も，最近，この理論を認めるようになった（最判昭52・11・15民集31巻6号900頁）。

4　支　払

振出人による支払は，債務を消滅させるが，裏書人による支払は相対的に債務を消滅させるにすぎない。

ところで，手形は転々と流通し，手形債務者にとって手形が何処にあるかわからないため，手形債務は取立債務とされている（商法516条2項）。

したがって，手形債務の支払は，手形の所持人が，手形を手形債務者に呈示して行われる。

(1) 支払のための呈示

手形の所持人が，手形の支払を受けるには，満期が到来しただけでは手形債務者を遅滞に陥れることはできず，手形の呈示を受けたときから遅滞が発生する。

しかし，裁判で，手形金の支払を請求するには，訴状を裁判所に提出した段階では，まだ，手形を相手に呈示することはできないが，訴状の送達によって相手を遅滞に陥れることができるというのが確立した判例である。

これに対し，学説は，呈示がなければ，署名の真否，裏書の連続の有無，手形の所持の有無を確かめることができないと主張している。

しかし，判例は，訴状の送達をもって呈示と考えているのであるが，訴状には手形要件が記載されているから，この考えで十分であると考える。

(2) 支払呈示の免除は有効か

手形の支払のための呈示は，手形債務者を付遅滞にし，遡求権を保全するために必要である。

旧い判例（大判大正14・11・3民集4巻665頁）によれば，支払呈示の免除の効力は，手形上の法律関係ではなく，合意の当事者間においてのみ効力を有するというのである。しかし，現代では，手形の決済はすべて銀行を通じて行われているため，呈示の免除というようなことは考えられない。

手形の機能が借用証書のように証拠としてならば以上の判例の見解も支持することができるが，手形は，転々と流通するため，支払は取立債務であり，手形権利者は，手形を手形債務者に呈示することによって支払を受けることができる。

そして，また，支払のための呈示免除の特約も，必ずしも当事者が明確でなく，その効力の範囲も明確でない。

この呈示免除の特約は，手形の流通を阻害し無効の記載といわなければならない。

(3) 支払のための呈示の要件

1) 当　事　者

A. 支払の呈示をする者は，連続した裏書の手形の所持人である。
　　裏書が連続していなくとも実質関係を証明した者
　　これらの代理人，使者
　　拒絶証書作成を依頼された公証人，執行官

B．呈示の相手方

　振出人，支払担当者

　呈示の相手方が破産したときは破産者（判例，但し，学説は反対）

　約束手形の共同振出人全員に対して必要

(4) **呈示の時期**

A．満期および拒絶証書作成期間経過前に呈示しなければならない（遡求権の保全のために必要）。

　「支払ヲ為スベキ日」は次の通りである（手形法38条1項）。

　　確定日払……満期日（法定の休日はそれに次ぐ第1の取引日）に次ぐ2取引日

　　日付後定期払（振出の日から一定期間）…同上

　　一覧後定期払（一覧の日から一定期間）……同上

　　一覧払……一覧のため呈示されたとき満期となり直ちに支払わなければならない（呈示の期間は振出後1年）。

　なお，銀行を支払場所としたときは，その営業時間でなければならない。

B．満期前の呈示

　振出人の支払停止（手形法43条2項）

　振出人に対する強制執行が功を奏しなかったとき（同条同項）

　振出人の破産（同条同項，破産法17条），但し，満期に呈示して遡求権を保全できる。

(5) **呈示の場所**

　支払呈示の場所は，支払地内にある手形振出人の営業所，住所，居所の順に決められる。

　手形に記載されている営業所，住所と，実際の営業所，住所と異なっても，手形の効力に関係なく，手形の所持人は，実際の営業所，住所に呈示すべきである。

　手形に支払場所の記載のあるときは，その場所で呈示をすべきであり，そ

の他の場所の呈示は無効である。

　支払担当者の記載があれば，その営業所，営業所のないときは住所で呈示すべきである。

　支払場所として記載された銀行の支店が移転したときは，移転先の銀行の支店で呈示すべきである。

　しかし，現在は，手形の呈示は，銀行を通じて手形交換所で行われている。したがって，手形交換所における支払のための手形の呈示については後に述べる。

　もし，支払地内に振出人の営業所，住所，居所が存在しないとき，支払地の外部にある振出人の営業所，住所において支払のための呈示をするのではなく，あくまでも，その地域内の任意の地点で呈示すべきである。

　なお，支払地の中に支払場所が存在しないときは，支払場所の記載は無効であるから，支払場所で呈示すべきではない。しかし，手形の所持人が無効の支払場所で呈示したときは，振出人，裏書人もその旨を知って手形を振り出し，裏書したのであるから，信義誠実の原則によりその無効の場所における呈示を無効と主張することは許されない。

　次に，手形の所持人と，被呈示者との間で，支払場所の変更について合意できるかという問題がある。

　判例・学説は，いずれも，この合意を有効と考えているが，支払担当者の変更を含む時は無効であるとする。

　しかし，この合意による支払場所の変更は，手形面上に記載されるのであろうか。このような記載の変更は，手形の一部変造ではないかと考えられる。いかなる事情があっても，手形が支払われたときは問題がないが，支払われないときが問題である。

　この場合，支払場所の変更は，当事者以外，誰も知らないのであるから，このような手形外の事情に効力を与えることは適当とは考えられない。

　手形の支払場所が，手形の所持人の住所，営業所，事務所である場合，手形は，持参債務となり，手形の所持人は，手形債務者が支払場所にくるのを

待っていれば手形を呈示したことになるというのが判例である。

　さらに，支払場所として，手形所持人の銀行の名前が記載されているとき，手形の所持人と，手形債務者とが同一人であり，したがって，手形債務者の銀行口座に手形金を支払う資金のないときは，手形の支払は拒絶されたものと看做すことができる。

　さらに，呈示期間経過後の呈示場所が問題になる。

　判例は，「支払い場所の記載は，その手形の支払い呈示期間内における支払についてのみ効力を有するものであって，支払呈示期間経過後は……本則に立ちかえり，支払地内における手形の主たる債務者の営業所または住所において支払わるべきであり，したがって支払の呈示もその場所で手形の主たる債務者に対してなすことを要する」（最判（大）昭41・11・8民集21巻9号2300頁，ジュリスト手形小切手判例百選第4版132頁）
と判示した。

　そして，その理由として，

「もし支払呈示期間経過後もその手形の支払が支払場所でなさるべきであるとするならば，手形債務者としては，手形上の権利が時効にかかるまでは，何時現れるかわからない手形所持人の支払の呈示にそなえて，常に支払場所に右の資金を保持していることを要することになって，不当にその資金の活用を阻害される結果になるし，さりとて右の資金を保持しなければ，自己の知らない間に履行遅滞に陥るという酷な結果となるのを免れないからである。」（同上）
と述べた。

　　【コメント】

　　　本件において，満期は昭和36年1月7日で，支払の呈示は同年同月11日，支払場所で呈示された。

　　　したがって，本件手形の呈示は，拒絶証書作成期間の経過後であり，遡求権は喪失している。

　　　このため，手形の所持人は，振出人に対して手形金を請求するほかに

方法はない（判旨は，時効になるまで権利を行使することができると時効を問題にしている）。

そして，手形に記載されている支払地，支払場所は，満期における支払を予定したものであって，満期後の支払のために規定されたものではない。

このため，手形の所持人は，原則にもどり，手形債務者の営業所または住所に於いて呈示すべきである。

判旨の理由は不十分であるが，結論は正当である。

(6) 支払呈示の方法

手形の呈示は，支払地，支払場所において，手形債務者に対してなされなければならない。なお，手形債務者が，手形所持人に対して手形金を支払ったときは，手形に受領した旨の記載をしてもらわなければならない。

支払呈示の場所に手形債務者がいなかった場合でも，手形の所持人が手形を持参して当該場所にいくことによって呈示したことになる。

手形の所持人が手形の所持を喪失した場合，除権判決を受けて手形所持人の地位を回復しなければ呈示することができないが，場合によっては，手形の所持を喪失した者が除権判決を得なくとも，被呈示者がたまたま手形を所持していたときは，二重払いの危険がないため，除権判決を得なくとも呈示することができる。

しかし，白地手形は，白地を補充しないまま呈示しても，支払呈示の効果は認められない。

(7) 手形交換所における支払呈示

手形法の定める手形の決済方法は，以上述べたとおりであるが，現在の銀行制度の下では，銀行を通じて手形が決済されるとき，手形の呈示は，手形交換所においてなされる（手形法77条1項③・38条2項）。

1）手形交換所

手形交換所は，昭和8年司法省令第38号（手形法第83条及小切手法第69条ノ規定ニ依ル手形交換所指定ノ件）によって日本の各地に設立された。

東京都，京都府，大阪府，愛知県など，経済の活発な地域では，それぞれ，1個ずつ，中小の県では，同一県内に複数の手形交換所が設立された（例外がある）。

ここでは，東京手形交換所を例にとって説明したい。

東京では，銀行が加盟している社団法人東京銀行協会がある。この銀行協会が，手形・小切手の交換，決済のために設立したのが手形交換所である。したがって，この銀行協会が手形交換所を運営している。そして，銀行協会の会員が，この手形交換所に加盟している。

2）手形の交換

手形の交換は，東京都に存在する銀行が手形交換所の会員となり，この会員が，それぞれ，顧客から取立を依頼されて受け取った手形・小切手を手形交換所に持ち込み，相手会員との間で，相殺決済できるものは帳簿上で決済し，決済できないいわゆる帳尻は，相互に，日本銀行にある各銀行の当座勘定の振替により決済されるため，実際に現金が動くことはない。

このようにして，手形交換制度は，銀行による手形の決済を容易にし，さらに，現金を使用しないで決済ができるということで，その間，銀行は，この決済に必要な資金を他に利用することができ，銀行にとっては非常に有用な制度である。

手形・小切手の交換は，次のようにしてなされる。

A. ① 交換日の前営業日夜間，加盟銀行は手形を持ち込む。
　　　　交換所は，各支払銀行に分類して，計算関係を確定し，帳尻を出す。
　② 交換日
　　　午前中：支払銀行は，自行支払い分を自行に持ち帰る。
　　　午後1時：加盟銀行間で決済できなかった帳尻は，加盟銀行が日本銀行に開設している当座勘定で決済する。
　③ 交換日の翌営業日
　　　午前11時：不渡手形は不渡事由を付して持出銀行に返還する。

Ⅲ　約束手形・為替手形・小切手（各論）

　　　この不渡を是正する方法は次の3つある。
　　イ．翌営業日の手形の交換に出す。
　　ロ．交換当日の営業時間中に，直接，持出銀行に返却する。
　　ハ．翌営業日の午前11時までに，直接，店頭返還する。
3）不 渡 手 続
手形が，資金不足などで決済されなかったとき不渡手形になる。
A．不渡手形の届出の時期
　　支払銀行：交換日の翌営業日の午前9時30分まで。
　　持出銀行：1日遅れて，翌翌営業日の午前9時30分までである。
　　但し，前記ハについては，支払銀行，持出銀行とも，交換日の翌翌営業日の午前9時30分である。
　　しかし，手形要件の欠缺，呈示期間の不順守等の時は，不渡届を提出しない。
　　手形交換所は，不渡届が提出されると，交換日から営業日4日目に配布される不渡報告に掲載され，全加盟銀行に配布される。
　　不渡届が出されても，不渡報告に掲載されない場合は，支払銀行が振出人の信用に関わらないと判断し（人的，物的抗弁権のあるとき），不渡届に対して手形金と同額の現金を異議申立提供金として交換所に提供して，交換日から営業日3日目の営業時間の終了までに異議申立を行った場合である。
　　振出人は，不渡報告に記載されることなく，後は当事者間で争って勝敗を決める。
B．不 渡 処 分
　　第1回目の不渡を出し不渡報告に記載された者が，第1回目の交換日から6か月以内に，再度，不渡をした時，異議申立を行わない限り，取引停止処分に付される。
　　この取引停止処分は，この交換日から営業日4日目に，取引停止報告が加盟の全交換参加店舗に配布される。

第1章 約束手形

　取引停止処分があると，処分が効力を発生したときから2年間，処分を受けた者は当座勘定取引と新規の貸付を禁止され，従来の銀行からの貸付は期限の利益を失い倒産する。

　取引停止処分または2回目の不渡は，商人にとっては致命的で，これが世間で言われる倒産である。

(8) 支払呈示の効果
1）付遅滞の効果
2）時効の中断
3）遡求権の保全
4）満期日から年6分の割合による法定利息

5　支払の手続

　今までは，手形所持人が，手形の支払を求めて呈示をしなければならないということを説明してきたが，今度は，手形の呈示をされ手形債務者が，手形の支払をすることについて説明する。

　まず，支払は，満期における支払が原則である。手形は，振出，裏書，そして，満期における支払を予定して流通するのである。

　したがって，満期における支払について説明しなければならない。

　次に，満期前の支払について説明する。手形は，場合によっては，満期前に支払うこともできる。どのような場合に可能であるかを説明する。

　さらに，実務上重要なことであるが，満期に資金が不足して支払うことができないというときには，満期の支払の猶予を必要とすることがある。

　したがって，次に，これらの場合について説明したい。

(1) 満期における支払

　満期における支払には，まず，手形所持人が手形を満期に，支払地，支払場所において，振出人（支払担当者がいるときにはその者）に呈示しなければならない。

　そして，確定日払の満期（満期日が休日のときはそれに次ぐ営業日）とは，

III 約束手形・為替手形・小切手（各論）

すでに述べたところであるが，満期日に次ぐ2営業日である。

日付後定期払，一覧後定期払，一覧払についても，「2営業日」は加算される。

1）呈示される手形

ところで，呈示される手形であるが，裏書が連続していなければならない。

その一部に偽造の裏書があったとしても，形式上の連続があれば，裏書の連続は妨げられない。

2）支払人の権利と義務

手形の支払人は，まず，手形の振出人である。

振出人は，手形を手にして，それが自分の振出した手形であるか否か調べることができる。手形の要件が整っていること，自己の署名が真正であることなどを調査し，要件が整っていない無効の手形を支払う必要はない。

ところで，ここで問題になるのは，裏書の連続のある手形を所持している者であっても，支払人に悪意または重大な過失のある場合には，裏書の連続の利益を受けることはできないということである。

ここで，「悪意」というのは，手形の所持人が，無権利者であることを知り，しかも，それを立証できる証拠を持っている場合をいう。

また，「重大ナル過失」ということは，許すことのできない過失ということである。

　　手形が，A—　　—B—　　—C—　　　D（trouble）E—　　F
　　　　振出人　　受取人　　裏書人　　裏書人　　　　裏書人　所持人

と流通した。

Aは，DとEとの間でトラブルがあって，Eが無権利であることを知っていて，しかも，Aはこの紛争をFに通知していたにも拘らず，Aは，Fから支払のための呈示を受けた。この場合，Aは，Fが無権利であることを知っていて，しかも，Eとの紛争の事実をFに通知しているのであるから，Aは，

手形法40条3項に定める「悪意」に該当する。

したがって，Aは，Fが無権利者であることを知っているため，支払を拒絶しなければならない。

Aは，悪意であるため，裏書の連続の利益を受けることはできない。ここでは，実質的な法律関係が問題になっているからである。

次に，裏書の連続する手形の所持人は，適法の所持人と看做すということであるが，この規定を受けて，手形法は，支払人に裏書の連続を調査する義務と権限を与えている。

手形法は，「裏書ノ連続ノ整否ヲ調査スル義務アルモ裏書人ノ署名ヲ調査スル義務ナシ」（同40条3項後段）と規定している。

ここで，注意しなければならないのは，裏書の連続を調査するのは義務であるということである。

悪意または重大な過失のない支払人は，裏書の連続した手形の所持人に支払えば，盗難手形の場合でも，実質的に適法な所持人でない場合でも，免責されるということである（同条同項前段）。

したがって，支払人は，連続した裏書のある手形を所持し，しかも，悪意または重大な過失のない時，かかる手形の所持人に対してなした支払は適法であるということである。

これに対し，支払人が悪意のとき，手形の所持人になした支払は無効である。支払人は，さらに，正当な権利者に対し二重払いをしなければならない。

ところで，悪意または重大な過失と裏書の連続との関係であるが，悪意または重大な過失のある場合には，争いは，実質関係でなされ，裏書の連続の利益を受けることができない。

次に，連続した裏書のある手形の所持人は適法な所持人と看做される。

この「看做ス」と言う意味は，文字通り，看做すということで反証を許さない。

したがって，支払人に悪意または重大な過失のない場合，支払人にとっても，裏書の連続した手形の所持人は適法な所持人であって，この所持人に対

してなした支払は有効であるということである。

悪意または重大な過失は，支払の効力発生の消極的要件であるから，その立証責任は，支払人の悪意または重大な過失を主張する者にあるということである。

なお，手形の裏書の一部が連続していない場合，不連続の部分を実質関係で証明すると，この部分は架橋され，手形の所持人はこの手形を行使することができるというのである。しかし，理論的には賛成できない。

この場合にも，支払人にとって，悪意または重大な過失の存在しない場合，調査義務を定める手形法40条3項が適用されるということである。

(2) 偽造手形の支払の負担

顧客が，偽造手形を銀行に持ち込んで，銀行が，手形交換所を介して偽造手形が決済されたとき，この損失は誰が負担するかという問題である。

かような場合を予想して，銀行と顧客の間では，取引約款で，銀行は一切損害を負担しないという約定が締結されている。しかし，銀行のみに責任があり，しかも故意または重大な過失のあるときは，約款の規定にかかわらず責任があるといえる。

これに対し，銀行を介しない支払については，依然として問題が残っているということができる。

問題は，偽造手形を支払ったのは支払人であり，その他の人々は，その支払に無関係であったのであるから，その不利益は，支払人以外の人はこれを負担することはできない。

もちろん，偽造者が判明しているときは，支払人は，偽造者に対し損害賠償の請求ができるのは言うまでもない。

支払人に対し，手形法40条3項を準用するという見解，また，準占有に対する弁済と同視する見解もあるが，いずれにしても，これらの場合には，手形は真実であり，しかも，所持人は，債権を持っているのであるから，偽造の場合に類推適用することはできない。

(3) 満期前の支払

手形は、満期に向けた支払を目指して発行され、裏書により流通し、そして満期に支払われる。

したがって、満期前の支払は余り重要性がないが、手形法は、満期前の支払を規定しているため、満期前の支払について簡単に説明する。

まず、手形の所持人は、満期前の支払を拒絶することができる（手形法40条1項）。

しかし、満期前に支払をする支払人は、自己の危険において支払をしなければならない（同条2項）。

満期前の手形の支払には、手形法が支払人に付与する特別の保護を受けることができない。したがって、この場合、民法の一般原則によって処理される。

このため、満期前の支払は、満期における支払よりも危険が多いということである（手形法40条3項の適用はない）。

(4) 支払の猶予

手形は、満期において支払われるが、支払人に資金が不足しているとき、手形の支払人は、支払の猶予をもとめることがある。したがって、支払の猶予についてどのような場合があるのか説明したい。

1）手形外の支払の延期の合意

手形には満期が記載されているため、これを変更することはできない。しかし、手形外の合意で、満期を延長することはできる。これは、手形債務者と手形の所持人との間の合意であって、これは人的抗弁となる。したがって、この方法で満期を猶予するには、銀行を介さない手形の取立に限って利用することができる。

しかし、手形の所持人が、遡求権を保全するには、手形上の満期を基準として、法定の手続を取って、遡求権を保全しなければならない。

なお、この合意は、時効の進行を停止する効力はない。

2）手形の満期の変更

手形が，A—B—C—D—E—Fと流通したとき，満期の記載は，A，B，C，D，E，F，のすべてが知っていることである。

したがって，A〜Fまでのすべての関係者が満期の変更に同意するときは，満期の変更は有効である。

しかし，その中の一人，例えば，Dがこれを知らなかったときまたは不同意のときに，手形上の満期を書き替えたときは，このDに対しては，手形の変造になる。

満期の変更については，変造前の手形債務者の責任と，変造後の手形債務者の責任を類推して考えることができる。

3）手形の書替

手形の書替とは，手形の満期を猶予するため，旧手形に代えて，満期の異なる新手形を発行して満期を延長することである。これは，実務上，しばしば用いられる方法である。

この手形の書替には，旧手形を回収する方法と，旧手形を回収しない方法がある。

① 旧手形を回収する手形の書替

判例は，最初，旧手形を回収して新手形を発行する手形の書替を更改であると説明していた。しかし，その後，新・旧の手形は，原則として，同一性を保っていると解するようになった。

これは，主として，旧手形に存在する手形債務者の関係，手形抗弁の関係，保証・担保の関係をそのまま新手形に維持しようとする配慮によるものである。

しかし，この見解は，後に説明するように法理論から見て賛成できない。

これに対し，学説の多くは，更改は，有因的であり，手形の発行は無因でなければならないから更改説によることはできず，代物弁済と解さなければならないと主張している。

これが，現在の判例・学説である。

第1章　約束手形

イ．判例批判

　判例は，旧手形と，新手形とで，どの程度の差異まで，同一であるというのであろうか。

　まず，満期日の異なることはいうまでもない。次に，判例は，当事者と金額以外の要件が異なっても手形は同一であるとした。

　さらに，金額を変更しても，当事者の意思にしたがい更改か否かを決めるべきで，いずれか不明のときは，更改でないと推定すべきであるとした。

　そして，最終的には，当事者，金額に変更があっても新旧手形は同一性を保っていると解した。

　このようにして，旧手形の担保，抗弁権は新旧手形の同一性を保ちつつ新手形に維持されているというのである。

　しかし，新旧手形が異なるのは当然のことである。なぜならば，手形が2枚あるからである。

　この2枚の手形を対比するとき，同一であるということはできない。

　しかも，更改か否かは当事者の意思によると言ったり，意思が明瞭でないときは，更改でないと推定すべきであるというのは，まったく法的根拠がない。

ロ．学説の批判

　学説は，更改は有因契約で，手形の発行は無因であるから，更改契約によることはできず，したがって，手形を一個の有価物と見て，旧手形債務を新手形という有価物で代物弁済することであると考えた。

　しかし，この見解は，次の点において誤っている。

その1：代物弁済とは，債務者が債権者の同意をえて，負担した給付の履行に代えて，他の給付をもってなす履行を言う。

　　　そして，代物弁済がなされると，履行の対象となった債務は消滅し，後に何らの債務も残さないということである。

　　　しかるに，論者の見解に従うと，代物弁済がなされても，

119

新手形の債務が残ることとなり，代物弁済にはならない。

その2：代物弁済される債務が明確ではない。

代物弁済の対象となる債務は，振出人，受取人，裏書人のいずれの債務か明確でない。もし，主たる債務者である振出人の債務を代物弁済するというのであれば，主たる債務は代物弁済で消滅するが，他の債務はどうなるのであろうか。

その3：更改契約は有因で，新手形の発行は無因であるから，手形の書替を更改とすることはできないというが，この見解は有因・無因の理論を正しく理解していないため，間違った結論を出している。

すなわち，

有因の理論：所有権の移転＝契約のみ（債務の効力）

無因の理論：所有権利移転＝契約＋所有権移転の物権契約

である。

ところで，旧手形を新手形に書き替えるには，旧手形を新手形に書き替えるための契約が必要で，その内容は，当然のことながら，旧手形を新手形に書き替えるということである。これは，結局，更改契約で，民法も，「債務ノ履行ニ代ヘテ為替手形ヲ発行スル亦同シ」（同法513条2項）と規定し更改と解している。

この更改契約によって，次の債務が発生する。

……旧手形を消滅させる債務。但し，この債務は，更改契約の債務の効力として，ただちに手形債務の消滅の効果が発生する（有因性）。

……新手形を発行する債務→この債務を履行するため新手形を発行する（無因性）。

我妻栄『債権総論』によれば，この規定を無視するほかはないといわれているが，これは，有因・無因の理論を理解し

したがって，民法513条2項の規定は正しい規定である。
② 旧手形を回収しない場合
　旧手形を回収しないときは，新手形の所持人は，同時に，旧手形も所持しているということである。
　したがって，手形の所持人は，いずれの手形も行使することができるが，旧手形を行使したときは，手形債務者は，支払延期の人的抗弁を提出できる。
　また，手形債務者は，いずれの手形を行使されたときでも，他の手形の返還を求めることができ，これは同時履行の抗弁になる。

(5) 支払の手続

1）手形の受戻証券性

手形債務者は，手形の所持人に手形金を支払うと手形の返還を求めなければならない（手形の受戻証券性）。なお，このとき，手形上に受取りの記載を求めることができる。

受取りを手形に記載すると物的抗弁となるが，記載しないと人的抗弁になるにすぎない。

2）一部支払

手形法は，一部支払を認め，手形所持人がこれを拒むことができないと定めている（同法39条2項）。

なお，支払期間経過後の一部支払については，これを拒むことができる。このときは，すでに，流通を期待できない状態になっているからである。

一部支払の場合，残額について手形の所持人は，遡求権を行使しなければならないので，支払人は，手形上に一部受取りの記載を求めることができ，さらに，一部金を受領した旨の受領証書の交付を求めることができる。

3）通貨の種類

　勘定通貨＝手形に表示してある通貨
　支払通貨＝現実に支払う通貨

内国で流通している約束手形では，勘定通貨と支払通貨は，原則として，同一で，日本円である。

しかし，手形金額が外国通貨で表示されているとき，手形債務者は，日本円で支払うことができる。その換算率が手形に表示されているときはそれに従う。

記載のないときは，支払地の為替相場に従う。支払に遅滞があり，満期日と支払の日との間に為替相場に変動のあったときは，所持人の選択によって決められる（手形法41条1項）。

4）供　　託

手形所持人が満期に支払のための呈示をしないとき，手形債務者は，手形が何処にあるのか分からず，手形債務者としては早く債務を支払いたいと考える時，自己の責任と費用で供託することができる。

(6)　参 加 支 払

約束手形には，為替手形に関する参加支払の制度が準用される。

参加支払とは，手形の所持人が，手形の支払を拒絶されて遡求権を行使するとき，この遡及権の行使を阻止するため，第三者が介入して，手形債務者に代わって手形金を支払うことである。

この制度は，民法で，債務者に代わって第三者（保証人として債務のあるときと，まったく債務を負担していないときがある）が債務を支払う代位弁済の制度と類似している。

1）要　　件

A. 当　事　者

　　参加支払をすることが出来る者　→　手形の振出人以外の者
　　被参加人　→　遡及義務者
　　予備支払人　→　同地予備支払人：
　　　　　　　　→　異地予備支払人

B. 呈示の必要

　　同地予備支払人の記載のあるときは，全員に呈示すること。

第1章　約束手形

C．支払拒絶証書の作成の必要

支払拒絶証書の作成期間の最終日の翌日までに作成しなければならない。

D．効　果

所持人は，以上の要件を具備する参加支払を拒絶できない。

拒絶したときは，遡求権を行使することのできた債務者全員に対する遡求権を失う。

2）参加支払の方法

手形法62条に規定がある。被参加人を手形上に記載して行う。被参加人を表示しないときは第1の裏書人のために参加したものと解される。

参加支払によって，被参加人の後者は遡及義務を免れ，参加人は，手形を取得するばかりでなく，被参加人の有する権利を取得する。

6　遡　求

手形が満期に支払われないときは，手形の所持人は，手形の裏書人，保証人に対して手形金の支払を求めることができる。これが遡求である。

手形が，A—B—C—D—Eと流通するとき，手形の所持人は，Aに対して手形を呈示しても支払を拒絶されたのであるから，やむをえず，Eから見て，その前者であるB．C．Dに対し，遡求して手形金の支払の請求ができる。

また，振出人が破産，支払停止，振出人に対する強制執行が功を奏しなかったときなど，一定の条件の下で，手形の信用がなくなったとき，満期前といえども遡求権を行使することができる。

遡求については，実質的要件と，形式的要件がある。

(1)　実質的要件

1）満期前の遡求

支払人が，破産，支払停止，強制執行の不成功，会社更生法，民事再生法の決定のあったとき，手形が流通するための信用がなくなり，支払拒絶と同

様に考えられる。したがって、このような場合、遡求が認められる。

2）満期後の遡求

満期に、手形の所持人が適法な呈示をしたにも拘らず、支払を拒絶されたとき、さらに、手形債務者が支払場所に出頭しなかった時、行方不明になっているなど、支払の拒絶と同視される。

支払の拒絶が支払金の一部についてなされたときも残金について遡求できる。

地震、火山の噴火のように、不可抗力の場合は、呈示することなく遡求権を行使することができる。

(2) 形式的要件

1）支払拒絶証書の作成

遡求権行使の要件は、手形所持人が手形を提示したことを証明することが必要で、そのための唯一の方法が支払拒絶証書の作成である。

この証書を作成するのは公証人または執行官である。手形所持人の委任を受け、公証人または執行官に手形取立のための代理権が与えられる。そして、公証人または執行官自身が手形を手形債務者に呈示し、手形債務者が支払を拒絶したことを自ら経験し、その結果、公証人または執行官が経験した事実にもとづき支払拒絶証書を作成する。

拒絶証書は、呈示した場所で作成される。

作成の方法は、手形の裏面に拒絶文言を記載する。記載する余白がないときは、裏面に付箋を付して契印を押し、付箋に拒絶文言を記載する。

満期が確定日払のときは、

　　支払のための呈示期間：支払をなすべき日＋2取引日

　　支払拒絶証書作成期間：上記と同じ

となっている。

2）支払拒絶証書の作成免除

支払拒絶証書の作成は、手形の所持人が手形債務者に対し遡求権を行使するための条件である。したがって、手形債務者を保護するための規定である

から，手形債務者がその債務を免除するとき，その免除の規定は有効である。

振出人が拒絶証書の作成を免除するとき，すべての遡求義務者に対して免除される。裏書人，保証人が免除するときは，その裏書人，保証人に対し遡求するときは拒絶証書の作成は必要ないが，その他の遡求義務者に対して必要であるからこの場合，拒絶証書を作成しなければならない。

現在，手形取引の大部分は，銀行を通じてなされるため，銀行から交付される手形用紙には支払拒絶証書の作成免除の文言が記載されている（前述）。

支払拒絶証書の作成が免除されると，手形の所持人は，拒絶証書なしに遡求権を行使することができるばかりでなく，法定の呈示期間内に呈示のあったことが推定される。

したがって，呈示のなかったことは手形債務者の立証責任である。

しかし，拒絶証書の作成免除は，拒絶証書の作成のみを免除するものであって，現実の呈示を免除するものでもなく，また，前者に対する通知を免除することもない。

3）再遡求の要件

手形債務者が遡求権を行使されて手形金を支払った遡求義務者は，さらに，自分の前者に遡求することができる。これを再遡求という。

　A．実質的要件

　　手形金を支払った者で手形を受け戻しているとき。

　B．形式的要件

　　手形を所持していること。

　　支払拒絶証書を所持していること。

(3) **通　　知**

支払が拒絶されると，手形の所持人は，その旨を前者である裏書人および保証人に対し通知しなければならない。

これは，支払の拒絶のあったことを通知し，償還のための資金の準備のために必要である。

通知の期間は，4日と2日である。

Ⅲ　約束手形・為替手形・小切手（各論）

1）拒絶証書作成の日に次ぐ4取引日
2）拒絶証書の作成が免除されているとき，呈示の日に次ぐ4取引日
3）通知を受けた裏書人は自己の裏書人に対して，通知を受けた日に次ぐ2取引日内に，前の通知者全員の名称および宛所を示し，自己の受けた通知事項を通知する。
4）このようにして，順次，第1の裏書人に至る。
　なお，通知人は，自己に対する裏書人の宛所の記載がないか，判読することができないときは，自己に対する裏書人を省略して，その直前の裏書人に通知すればたりる。
　通知は，適当な方法でなしてよいが，証拠として保全するため，その方法は限定される。

(4)　遡求金額
1）第1次遡求
A．満期後の遡求
　①　手形金額＋約定利息（満期の前日まで）
　②　年6分の割合による法定利息（支払呈示のなされたとき：満期日から起算）
　③　費用（拒絶証書作成，通知，その他）
B．満期前の遡求
　①　手形金額から中間利息（償還日から満期日まで：償還日の公定歩合）を差引いた額
　②　約定利息のときは，償還日から満期日までの利息が請求できない。
　③　費用（拒絶証書作成）
2）再遡求の場合
　①　遡求に応じて支払った総金額
　②　上記金額に対する年6分の法定利息（遡及に応じた日以降）
　③　再遡求者の支払った費用

(5) 遡求の順序

手形所持人は，同時に，すべての前者に対し，あるいは，その一部に対し遡求権を行使することができる。

また，異時的に，遡求権を行使することも可能である。いったん，遡求権を行使したが，さらに，まだ遡求権を行使していない前者に対し遡求権を行使することができる。

請求の順序は，自分の直前の裏書人に限定されることはない。

遡求権者が遡及義務者より一部の支払を受けたときでも，残額についてさらに遡求権を行使することができる。

以上の理論は，手形金を支払った償還者が再遡求するときにも適用される。

要するに，手形の主たる債務者が手形の支払を拒絶したため，手形の信用は失われることとなったのであるが，手形法は，この信用を少しでも維持し，そして，手形の所持人に損害を与えないようにあらゆる手段で遡求することを認め信用の維持に努めている。

(6) 手形債務の合同責任

ここで，まず，民法の法律行為を思い出さなくてはならない。

民法上の法律行為は，次の3個の法律行為で，これを説明すると次の通りである。

　　一方的法律行為：手形行為＝手形債務負担行為

　　双方的法律行為：契約＝売買その他＝実質関係

　　合同的法律行為：手形行為の総体＝手形債務者らの所持人に対する合同
　　　　　　　　　　責任

手形法は，

「約束手形ノ振出，裏書，保証ヲ為シタル者ハ所持人ニ対シ合同シテ其ノ責ニ任ス」（77条1項4号，47条1項），

と規定している。

ところで，合同責任とは，ある一定の目的を達成するため，複数の者が責任を負担するという複数の意思表示である。

III 約束手形・為替手形・小切手（各論）

手形では，振出人，裏書人，保証人は，いずれも，手形金の支払を目的とした行為であって，手形金の支払ということが合同行為の目的であり，手形債務負担行為が合同的意思表示であり，その責任が合同責任である。

この合同責任は，連帯債務と類似し，また，次の点で異なる。

記

	手形の合同責任	連帯責任
1）目的	債務の返済	債務の返済
2）請求の1	全ての債務者	全ての債務者
3）請求の2	一部の債務者	一部の債務者
4）負担部分	なし	あり
5）求償	なし	あり
6）遡求	あり	なし
7）一人に生じた事由		
弁済	影響あり	影響あり
その他	影響なし	影響あり
8）債務の名称	不真正連帯債務	連帯債務

なお，手形の合同責任について，不真正連帯債務といわれているが，ある償還義務者が償還すると，それ以後の償還義務者は償還を免れるが，その前者の償還義務者は償還を免れない。

(7) 償還手続

1）償還義務者の権利

償還義務者が支払をしたとき，手形，支払拒絶証書，支払の計算書を受領することができる。

これは，支払をした証拠となるばかりでなく，再遡求権を行使するために必要である。

なお，遡求権行使の段階では，まだ，手形に受取りの記載をすることはない。

２）裏書の抹消権

償還した者は，自己の後者の裏書を抹消することができる。抹消したならば，裏書の連続により，自己が手形の適法な所持人であると看做され，再遡求権の行使をすることができる。

しかし，遡求の場合は，自己の後者の裏書を抹消しなくとも，償還した者は，手形を所持し，支払拒絶証書および支払計算書を所持しているため，正当な権利者であるということができる。

したがって，裏書の抹消は，単に，形式的資格を整えるための手続にすぎないと考えられている。

３）戻手形による遡求

手形の遡求権を有する者は，遡求権を行使する代わりに，被遡求者の一人を支払人とする一覧払の為替手形を振り出し，この手形を割り引くことによって遡求権の行使と同様の結果を実現することができる。このような手形を戻手形といわれる。

支払人は，戻手形の支払によって，振出人に対する償還義務を免れる。

遡及義務者は，進んで，手形を償還することができる。これは権利であって償還権といわれる。

この権利が認められるのは，償還費用の拡大を避け，また，償還の手続を迅速にするためである。

４）償還の効果

手形を償還した手形債務者は手形を取得するが，手形の引渡を受けることによって手形上の権利を取得する。この場合，人的抗弁が復活するか否かが問題になっているが，このような考え方自体が問題である。

すなわち，人的抗弁とは，特定の人と人の関係であって，それ以外の人々の間では存在しない。したがって，もともと存在しないものが切断されることはない。

このため，手形債務者が手形を償還して，再び特定の人と人の関係が生じたときは，人的抗弁を主張することができるのは当然である。

129

Ⅲ 約束手形・為替手形・小切手（各論）

7 公示催告と除権判決

約束手形は，金銭請求権が手形証券に化体された有価証券で，権利の行使には手形を所持していなくてはならない。

しかし，手形権利者が手形証券を喪失または窃取された時，手形上の権利を行使したいと思っても手形証券が存在しないため，手形上の権利をを行使することができない。

したがって，このような場合，手形証券が存在しなくとも，手形上の権利を行使することができるという制度が必要である。これが除権判決の制度であって，ここでは，証券と手形上の権利が分離されることになる。

除権判決の手続をするには，まず，公示催告の手続が必要である。公示催告の手続によって権利を有する者は申し出るよう催告し，催告期間内に権利を有する者が申し出ないときは除権判決をすることになっている。

ところで，公示催告の手続も，除権判決の手続も，手形法に規定がない。これらの手続は「公示催告手続及ビ仲裁手続ニ関スル法律」に規定されている。

(1) 公示催告の手続

まず，公示催告ができる有価証券の範囲であるが，「金銭其他ノ物又ハ有価証券ノ給付ヲ目的トスル有価証券」である（商法518条）。

約束手形は，金銭の給付を目的とする有価証券であるからこの条文の適用を受ける。

公示催告のできるのは，裏書の連続した手形，または，裏書が連続していなくとも不連続の部分が架橋されているときの手形の所持人であって，手形を喪失したとき，すなわち，盗難，紛失によって占有を失ったとき，あるいは，手形が火災などで滅失した時である。

公示催告の申立は，手形に記載されている支払地を管轄する簡易裁判所に申立をなし，申立に当たってはその理由を疎明しなければならない。

疎明とは，証明のように確信を与えるのではなく，それよりも程度の低い立証方法である。

実際には，疎明として警察に届けた盗難届，遺失届，紛失届を提出することになる。なお，疎明には，手形要件を明らかにしなければならない。

そのため，証書の謄本，証書の重要な趣旨および証書を充分に認知することのできる諸要件，すなわち，手形の振出人，手形金額，受取人，満期日，支払地，支払場所などの記載が求められる（公示催告手続及ビ仲裁手続ニ関スル法律第780条1号）。

そして，さらに，上記届出書により盗難，紛失，滅失を疎明しなければならない（同条2号）。

(2) 除権判決の効力

裁判所は，この申立を正当と認めたときは，最低6カ月の期間を定め，その期間内に権利を有する者は申し出るよう催告する旨を記載した文書を裁判所の掲示板に掲載する。

この6カ月の期間内に権利者と称する者が出てきたときは，公示催告申立人と権利者と称する者の間で，通常の民事裁判で争われることになり，ここで，公示催告手続は打ち切られる。

この6カ月の期間内に権利者が現れなかったとき，裁判所は除権判決をする。

除権判決によって約束手形は将来に向って無効となり，申立人は，手形証券を有しなくとも権利を行使することができる。

手形債務者は，除権判決を得た者に支払えば，悪意，重大な過失のないかぎり免責される。

問題は，除権判決を得た者が，それ以前に手形を善意取得した第三者に対して，自己の権利を主張することができるかということである。

これを表にすると次の通りである。

① 公示催告の申立前　　　　　　善意取得者優先
② 公示催告の申立から除権判決まで　善意取得者優先
③ 除権判決後　　　　　　　　　申立人優先

上の②の場合，善意取得者がどのようにして権利を行使するかが問題にな

るようであるが，善意取得者の手形の裏書が連続し，しかも，満期前であれば満期にこの手形を行使することができる。

満期後は，原則として善意取得は認められないから，そのような心配をする必要はない。

8　時　　効
(1)　約束手形上の請求権は金銭債権であるから，時効によって消滅する。

1）振出人（主たる債務者）に対する手形金請求権は，満期の日より3年で時効によって消滅する。

2）裏書人に対する時効は，拒絶証書作成のときは証書の日付から，拒絶証書作成の免除のときは満期の日から1年である。

3）裏書人の他の裏書人に対する請求権は，受戻をした日，または，訴を受けた日より6カ月の経過により時効によって消滅する。

(2)　時効の中断
1）訴状の送達

手形の権利の行使には手形を呈示しなければならない。しかし，手形金請求権の行使のため裁判所に訴を提起しても，訴状が被告である手形債務者に送達されるだけで，手形証券その物は被告に送達されず，したがって，手形を被告に呈示することができない。

しかしながら，判例は訴状の送達をもって時効が中断すると解している（前述）。

2）時効中断の相対的効力

時効の中断はその事由の発生した者に対してのみ効力を有する（手形法71条）。

手形債務者は，手形の所持人に対し合同して手形債務を負担している。したがって，この考えによると，手形債務者の一人に訴を提起すると，その他の者に対しても，連帯債務のときと同様に，時効中断の効力が発生すると考えられるかもしれない。

しかし，手形行為独立の原則では，手形行為により手形債務はそれぞれ独立に発生しているから，この手形債務に対応する権利も，それぞれ独立であり，したがって，手形債権もそれぞれ独立であるということができる。したがって，手形法は，上記の通り，時効の中断は，それぞれ独立に発生し，相対的効力しか有しないと定めているのも当然のことである。

9　利得償還請求権

手形上の権利が時効，手続の欠缺によって消滅したときでも，所持人は，振出人，引受人，裏書人，支払保証をした支払人に対し，その受けた利益の限度において償還する義務がある。これを権利の側から見て利得償還請求権という。

手形上の権利が時効で消滅したとき，手形上の債務者は，手形金の支払義務を免れるが，手形法上の時効は短いため，手形上の債務者が支払義務を免れることは不当利得と考えられるので，民法の不当利得の制度と平行して，手形法上の制度として認めたものである（手形法82条，小切手法72条）。

利得償還請求権の法的性質に関しては，実質的には法律上の原因（手形債権・小切手債権）が消滅し，手形・小切手の所持人は不利益を蒙り，手形・小切手の債務者は債務の履行を免れるということで利得することになる。したがって，民法の不当利得とは異なるが，法律上の原因がなくなるということで，財産の移転が免れるという消極的な理由で，不当利得類似の法律関係が発生するということができる。

なお，小切手上の権利が消滅して利得償還請求権が発生することになっているが，小切手法には，

「小切手ヨリ生ジタル権利ガ手続ノ缺欠又ハ時効ニ因リテ消滅シタルトキト雖モ所持人ハ振出人，裏書人，又ハ支払保証ヲ為シタル支払人ニ対シ其ノ受ケタル利益ノ限度ニ於テ償還ノ請求ヲ為スコトヲ得」（小切手法72条）。

となっているものの，小切手上の権利という意味が明瞭でない（学説は小切

手の所持人に支払銀行に対する権利を認めていない)。

(1) 成立要件

1) 請求権者

適法な手形，小切手の所持人である。裏書の連続を必要とするが，実質関係を証明すればよいという見解もあり，手形の所持を失った者も実質的な権利を証明すれば権利を行使することができるというのが判例である。

隠れた取立委任裏書のときは，手形上権利が移転しているため，被裏書人が権利者である。

2) 義務者

手形，小切手の振出人，引受人，支払保証をした支払人である。

振出人が売買代金の支払のために手形を振り出し，手形の支払債務が時効で消滅したとき，振出人は，売買代金に相当する金額を利得することになる。

引受人のときも同様である。

支払保証をする支払人も実質的に利得することになる。

しかし，裏書人は，一般に，手形を取得するときに一定の出費をしているため，利得したことにはならない。

手形債務の隠れた保証をして対価を得て裏書したときは，利得が発生する。

したがって，法も裏書人を償還義務者に加えている。

しかし，対価を得ないで隠れた保証をしたときは，利得は発生しない。

3) 手形上の権利の消滅

手形上の権利の消滅は，時効，手続の欠缺によるものである。

時効は，一定の期間の権利の不行使という事実により実体上の権利が消滅するのであるが，その時効の利益を享受するには，時効を援用しなくてはならないか否かという問題がある。

判例は，時効によって実体上の権利が消滅するには，時効が援用されることが必要であると解している。

援用は，裁判上行使されなければならないのか，あるいは，裁判外でも行使できるのかという疑問がある。

第1章　約束手形

民法の一般原則にしたがって，裁判外の援用も認められるということである。

４）小切手上の権利の消滅

小切手の呈示期間は振出日から10日間である。

小切手で遡求権を行使するには，支払拒絶証書（支払人の宣言，手形交換所の宣言）を作成しなければならない。

この手続を怠ったときは遡求権を喪失する。

なお，小切手については呈示期間経過後も支払人が支払をすることができるので，いつ権利の喪失があったのか問題になる。

小切手の所持人は，支払銀行に対して振出人の記帳通貨で小切手金を支払う事務の処理を求める権利を有すると解するとき，この権利は10日間の呈示期間の経過と共に消滅する。

５）利得償還請求権とその他の救済方法との関係

利得償還請求権は，手形上の一切の救済方法がなくなる必要があるか，また，民法上の救済方法も存在しないことが条件であるかという問題である。

　Ａ．手形の所持人が，実質関係上の権利を有するとき，この権利を行使すべきであって，最終的に救済方法である利得償還請求権の行使は認められない。

　Ｂ．手形の所持人と利得を取得したものが確定されるとき，他の救済方法があったとしても利得償還請求権の行使を認めるべきである。

　　なぜならば，他の救済方法を行使しても問題は最終的に解決しないからである。

６）手形債務者の利得の意味

ここで言う利得とは，実質関係上の利得をいうのであって，手形債務を免れたことは利得ではない。

したがって，利得償還請求権の利得は実質関係上の当事者間で発生するのではなく，この点において民法上の不当利得と異なるのである。

利得の例をあげると，約束手形の振出人が，資金の供給を得て手形を振り

出し，あるいは，既存債務の支払のために手形を振り出したところ手形債権が消滅したとき，引受人が資金の供給を受け為替手形を引き受けたところ手形債権が消滅したときである。

また，裏書人については，自己の計算で手形の振出を受けて受取人となり，これを裏書譲渡して対価を取得し，しかも，手形債権が消滅して資金を供給する必要がなくなったときである。

なお，売買代金の支払のため手形を振り出し，売買代金請求権も手形上の権利も時効で消滅したときは，利得償還請求権は発生しない。既存債権の消滅は，手形と無関係な事情によるものであるからである。

手形の書替について利得が発生したか否かは新手形ではなく，旧手形の実質関係について考えるべきである。

したがって，旧手形上の債務を免れたからといって利得があるということはできない。

(2) 利得償還請求権の譲渡と行使

利得償還請求権は，手形上の権利でないため，手形の授受による移転ではなく，民法の指名債権譲渡の方法によらなければならない。

したがって，善意取得も，人的抗弁の制限も認められない。

利得償還請求権の譲渡に関して手形の譲渡が必要であるかが問題になるが，手形を所持している限り，手形の譲渡が必要であると解する。

利得償還請求権利の権利の行使について，手形を所持し，手形を呈示しなければならないかという問題があるが，利得償還請求権は，手形上の権利ではないが，さりとて，手形と全く無関係の権利でもないため，手形を所持しているときは手形の行使が必要であると解する。

利得償還請求権の履行地は，債権者を知ることが困難なため，債務者の営業所または住所と解すべきである。

債務者は，債権者からの請求に対し，手形の所持人に対抗することのできる一切の抗弁を提出することができる。

(3) 消　　滅

　利得償還請求権の消滅時効は，従来は，民法の指名債権と同様に考えられていたため10年と解されていたが，最近は，手形上の行為は商行為であり，それに関連して発生した権利であるため，5年であるという見解が発表され，さらに，また，消滅前の手形上の権利に準じて考えると3年であるという見解が有力に主張されている。

　利得償還請求権は，手形の所持人と，手形の実質上の法律関係について発生した利得に関するものであって，手形自体に関する権利ではない。

　しかし，手形に関する法律関係を最終的に精算するための制度であって，長い時効期間を認めるべきではない。

　3年と解するのが合理的と考える。

10　手形の取引

　手形取引で，しばしば，用いられるのは，融通手形，手形の割引，手形貸付であるから，これらについて説明したい。

(1)　融 通 手 形

　融通手形とは，信用がないため融資を受けられない者が，信用のある他人に手形を振り出してもらい，自らこの手形の受取人になって手形を取得し，この手形を銀行に持っていって割引いてもらい融資を受けるという時，この他人の発行した手形を融通手形というのである。

　手形の発行は，無因であるが，原因関係が存在しないと手形の取得は不当利得になるため原因関係が必要である。そして，従来，融通手形として考えられてきた法律関係の原因関係を考えると，そこにいくらかの異なった原因関係が存在することが判明した。

　1）手形の贈与

　融通手形でまず考えられるのは，信用のある者が信用のない者に手形を無償で贈与するということである。

　原因関係が，贈与ということになると，贈与契約によって贈与者には手形

を譲渡する債務が発生し，贈与者はこの債務の履行として無因的に手形を贈与することとなるのである。

したがって，手形の振出人は，この手形を支払うのは当然である。

2）金銭消費貸借の成立

これには，2個の場合がある。

第1は，金銭消費貸借の返済期限が，手形の満期以前であるときで，第2には，上記の返済期限が手形の満期の後であるときである。

A．返済期限が手形の満期以前であるとき

　この場合，手形の振出人は，債務者から返済を受けた金銭で自己の振リ出した手形を決済しようというのである。

　しかし，これは，手形上の関係ではなく原因関係であり，当事者間の人的抗弁となるにすぎない。

B．返済期限が手形の満期以後のとき

　この場合，手形の振出人は，一応，自己資金で手形金を支払い，その後，受取人より金銭消費貸借の履行として支出した金銭の償還を求め，その履行によって金銭消費貸借は終了する。

3）このようにして，融通手形の振出について，その原因関係はいくつか存在しているが，融通手形の抗弁は，振出人と受取人の間では存在するが，その他の人々の間では存在しない。

手形の所持人が正当な原因関係によって手形を取得したときは，融通手形であるということを知っていても，融通手形の抗弁を対抗されることはない。

(2) 手形の割引

手形の所持人は，満期に手形を呈示して手形金の支払を求めることができるが，しかし，満期以前に資金を必要とするとき，金融機関に手形を持参し，手形を割引いてもらい，手形の額面金額から満期までの中間利息および手数料（割引料という）を差し引いた残りの金額を受領することができる。

これが手形の割引という取引の構造であるが，その法律的性質を考えると次の通りである。

第1章　約束手形

　手形割引の法律的性質は，手形を1個の有価物と見て，手形所持人と，手形を割引く金融機関との間の売買であるという見解である。

　上記の当事者間で，手形の売買契約が締結されると，手形の所持人は，手形を金融機関に譲渡する債務を負担することとなり，割引をする金融機関は割引金を手形の所持人に交付する債務を負担する。

　そして，手形の売買契約の各当事者は，それぞれの債務を履行することによって手形の売買契約は終了する。

　なお，この場合，手形所持人が手形に裏書をして割引人（金融機関）に手形を引き渡す行為は，原因となる売買契約とは無因であって，売買契約の有効・無効の影響を受けない。

　なお，手形の信用がなくなったとき，それをそのまま所持するときは不良債権になる心配があるため，金融機関は，手形の買戻権を行使して，手形割引の請求者に対して手形を買い戻すよう請求し，買戻を請求された者は，この買戻義務にもとづき手形を買い戻し，その代金を支払うことになる。

　この見解は，無理がなく，正当であると考えるが，しかし，消費貸借説も存在するため消費貸借説を批判することにしたい。

　手形の割引行為を消費貸借契約と見るとき，金融機関が手形の額面金額から割引手数料を差し引いた額を手形の所持人に交付することによって金銭消費貸借は成立する。

　ところで，この場合，手形の役割はどうなるのであろうか。

　おそらく，金銭消費貸借の担保としての役割があると考えられる。

　そうだとすると，まず，ここで問題になるのは，金銭消費貸借であるから，返済の期限があるということである。

　次に，手形は担保であるから，債務の返済があると，手形は返還されなければならない。

　さらに，金銭消費貸借について，手形所持人が手形を金融機関に交付したとき，金融機関に手形の買戻権があるかということである。

　割引行為が手形の売買であるというときには，買戻権があるということは

容易であるが，金銭消費貸借であるという時には，手形の買戻権を考えることは困難である。

したがって，金融市場は，手形の割引行為を金銭消費貸借であると考えていない。

銀行が買戻請求権を行使する方法は，買戻請求権と顧客が自行に預託している預金と相殺することが多い。

ここで問題になるのは，第三者が顧客の預金請求権を差押えした後に，銀行が買戻請求権をもって，すでに第三者によって差押えされている預金と相殺できるかという問題である。

判例は，銀行と顧客との間に締結されている銀行取引約定書により，顧客が銀行に対して有する預金債権は，銀行が顧客に対する債権の担保の関係にあり，したがって，第三者が預金を押さえたとき，顧客の信用がなくなり，期限の利益を喪失し，手形の買戻請求権と相殺適状が生じるとする。したがって，銀行の持っている買戻請求権と預金債権の相殺は，第三者の差押えに対抗できるというのである。

しかし，差押えは，国家による公法行為であり，銀行取引約定書は，銀行と顧客との間で締結された私的契約である。

したがって，ここに，公法と私法の衝突が発生することになるが，公法行為が優先するのはいうまでもない。

さらにまた，債権の差押えについて，民法は，

「支払ノ差止ヲ受ケタル第三債務者カ自己ノ債権者ニ弁済ヲ為シタルトキハ差押債権者ハ其受ケタル損害ノ限度ニ於テ更ニ弁済ヲ為スヘキ旨ヲ第三債務者ニ請求スルコトヲ得」（同法481条1項）

と規定している。

現在問題になっている事例では，銀行は，まさに，支払の差止めを受けた第三債務者であり，銀行の行った相殺は，自己の債権者に弁済したことになる。

そして，民法上のこの規定は強行規定であって，私人間の合意によって変

更することはできない。

　通説，判例はこの相殺を認めているが，この見解は誤りである。

(3) 手形貸付

　手形貸付は，銀行が融資するとき，借主から手形を徴収する方法でなされる。

　手形は，約束手形を使用し，借主が約束手形の振出人となり，受取人は融資をする銀行となることが多い。

　教科書は，手形貸付について言及することは多いが，しかし，法律上の分析は必ずしも十分ではない。

　手形貸付は，金銭消費貸借をするときの条件として手形を交付することである。

　貸主は，手形金額に相当する金額を現実に借主に交付する（借主の銀行口座に入金してもよい）ことによって（要物契約），借主は金銭消費貸借による債務を負担する。

　借主は，借主自身を手形の振出人，貸主の銀行を受取人とする約束手形を振り出し，貸主に引き渡す。

　この手形の引渡には金銭消費貸借という原因関係があるため，貸主は手形を不当利得することはない。

　ここで，手形の法的地位であるが，金銭消費貸借による貸付金を回収するため手形を行使するときと，手形は単なる担保であって，心理的に債務返済の履行を強制するものであり，債務の履行がなされれば，債権者は手形を債務者に返還しなければならないという時がある。それでは，次に，この２個の場合について説明する。

　１）貸付金回収のため手形を行使する

　貸主が手形を行使して手形金が支払われたとき，金銭消費貸借契約によって発生した債務は消滅する。

　手形金が預金不足で支払われなかったとき，手形は不渡りになる。手形の不渡りは，振出人にとって非常に困難な問題を引起こすことになる（前述）。

したがって，債務者は，手形金の支払のため，最善の努力を払うことになる。

２）手形が担保のとき

手形を担保として差入れたとき，債権者は，手形を行使する前に，消費貸借契約によって発生した債務の支払を求めることになる。

もし，債務者が期日に債務の支払をしなかったときは，債権者は，手形の支払期日の延期に同意することになる。これは，すでに述べた，手形の書替である。

手形の書替は，手形が担保のときに行われることが多い。

３）手形貸付の法律要件は，金銭消費貸借契約による金銭債務の存在と，手形の交付である。

これに対し，手形割引を消費貸借であるという見解に従うと，この法律要件は，消費貸借契約の存在と手形の交付であって，この法律要件は，手形貸付の法律要件と同一である。

このことから，明白に，手形割引を消費貸借とする見解は誤りであるということができる。

以上，約束手形に関する重要な問題点について説明した。

したがって，次に，上に述べた約束手形に関する重要な問題点に関する説明を前提にして，為替手形，小切手に関しては，主として，約束手形との相違している点について説明したい。

第2章　為替手形の特殊性

すでに述べた通り，為替手形は，遠隔の土地の間で金銭を送金するために考案されたものである。したがって，イタリアのフローレンスの商人（A）がフランスのシャンパーニュの商人（B）から商品を購入したとき，その代金の支払のため，Aがフローレンスの両替商（A・A）のところに行き，商

品の代金に相当するフローレンス金貨と手数料を両替商に支払い，両替商は，シャンパーニュの両替商（B・B）を支払人としてその顧客（B）またはその指図した人に手形金を支払うように委託した証券である（前述）。

このことを十分理解した上で，次に，為替手形の要件を説明する。

§1　為替手形の概要

したがって，この手形に登場してくる人物は，振出人，支払人，受取人の3名である。これに対して，約束手形では，登場する人物は，2人であることを想起していただきたい。

次に，為替手形の振出人は，支払人に対し手形金の支払を委託し，自ら，手形金を支払うのではなく，最終的に手形金の支払という償還義務を負担しているにすぎない。

したがって，手形の振出人は，主たる債務者ではない。

ところで，手形に支払人として記載されている者は，振出当時，自己が支払人に指定されていることを知っていない。したがって，支払人に対し，彼自身が支払人になっている手形が存在することを告知し，さらに，支払人が手形を引き受けて，主たる債務者になるという引受の制度のあることを理解しなければならない。

為替手形の支払人が手形を引き受けて，初めて主たる債務者が誕生する。支払人が手形を引き受けない限り，主たる債務者は存在せず，したがって，引受のない手形の有価証券性が問題になる。

引受という手形行為に関係して，引受が拒絶された場合，満期前といえども手形債務者に遡求義務が発生する。

さらに，引受制度に関係して，参加引受の制度がある。

ところで，手形の原因関係であるが，振出人と支払人の間に資金関係が存在する。

手形の振出人が，支払人に商品を売却したとき，支払人は，商品代金を振

Ⅲ　約束手形・為替手形・小切手（各論）

出人に支払う必要があるが，この場合，代金の支払方法として，振出人が商品の買主を支払人とし，支払人に対して，商品の代金額に相当する金額を表示し，かつ，支払人に上記金額を手形の受取人またはその指図した者に対して支払うことを委託した為替手形を振り出すことになる。

　この場合，振出人と受取人の間に，通常，実質関係が存在する。

　なお，為替手形には，副本の制度がある。

　このようにして，為替手形は，種々な点について，約束手形と異なっていることを概観したのであるが，次に，為替手形に関する特殊性について，順次，説明したい。

§2　振出の法的性質

　為替手形の振出行為の法的性質については，まだ，定説というべきものは存在しない。

　本書は，すでに，為替手形の振出行為の法的性質に関する見解を述べてきたが，ここでは，いくらかの学説を引用してこれを批判し，そして，再度，本書の見解をここに述べることにしたい。

1　創　造　説

　このテキストの最初の部分で，創造説を述べてきたが，このテキストの終りの部分で，再び，創造説について説明することとなったのであるが，我々の見解は，全く変わっていない。

　すなわち，為替手形の理論は，為替手形が有価証券であるということから出発する。

　振出人が，為替手形を振り出したとき，この紙片は有価証券である。有価証券ということは経済的価値があるということで，経済的価値があるということは金銭的価値があるということである。

　それでは，どのようにして紙片が有価証券になるのかというと，それは，

為替手形の振出人が手形に署名しているからである。手形は，振出の段階で，主たる債務者は存在せず，振出人は単なる償還義務者であるが，手形は，振出の段階で，それに署名しているのは振出人のみである。

したがって，振出人は，償還義務者であるにすぎないが，償還義務者として何らかの義務を負担し，最終的には振出人が責任をもつということで紙片が価値を有することとなり，有価証券になる。

すなわち，振出人が署名するという手形行為により，最終的に手形を支払うという償還義務が発生し，この義務から権利が発生する。そして，この権利は，証券の中に化体され，権利と証券が一体となり，その結果，証券が価値を有することとなり，有価証券となる。振出人が手形を振り出した当時，手形面に記載されている支払人は，まだ，自分に対して手形が発行されていることを知らないため，支払人の記載は手形という紙片に経済的価値を与えることができない。

ところで，為替手形の振出行為＝手形の作成＋引渡である。

したがって，次に，この両者について説明する。

(1) 手形の作成

手形の作成は，振出人が法律に定める要件を記載した手形を作成し，署名（記名，押印）することによって完成する。

手形作成の法律要件は次の通りである。

1）為替手形文句（為替手形という標題である）
2）手形金額（数字と文字が異なるとき文字が優先する）
3）振出人
4）支払人
5）支払委託文言（振出人が支払人に対して手形金を支払うよう委託する文言）
6）満期（4種類の満期がある）
7）支払地
8）支払場所（支払地の中になければならない）

Ⅲ　約束手形・為替手形・小切手（各論）

9) 指図文句（受取人がさらに受取人を指図すること）
10) 振出日
11) 振出地
12) 振出人の肩書地
13) 振出人の署名（債務が発生し，債権が発生する）
14) 用紙交付銀行名
15) 収入印紙

以上を見ても分かる通り，振出人は，一方的に要件を具備する為替手形を作成し，他人の介入を必要としない。

(2) 手形の引渡

以上のようにして作成された為替手形は「引渡」によって手形上の権利が移転する。

この引渡行為は無因行為であって，実質関係の法律行為の有効・無効と関係なく手形上の権利の移転は引渡によって有効である。

なお，この引渡行為が無因であるということは，手形上の権利が証券に化体し，証券の占有の移転に伴って手形上の権利が移転するというように構成され，証券の占有の移転は，占有を移転する当事者間ばかりでなく，それ以外のすべての第三者に対しても有効になされるというのである。

これに対し，実質関係は契約で，その効果は契約当事者間においてのみ認められるため，証券の引渡を有因とするときは当事者間においてのみ有効で，第三者に関する問題は対抗要件で処理されることとなる。このようにして，手形上の権利の移転を有因とすると，当事者の関係と第三者の関係が分裂し取引の安全を害する。

これに対し，証券の引渡行為を無因とすることは，当事者間の法律関係と，第三者との法律関係を一挙に解決することができて，取引の安全を保証することができる。

(3) 自己宛手形

さらに問題になるのは，自己宛手形である。

為替手形の振出人が，自己を支払人として記載することが認められている（手形法3条2項）。

学説は，従来，自己宛手形を説明するとき，実際上の必要性を強調するのみで，その理論的根拠を説明していない。例えば，自己宛手形は，銀行が他地にある自行の本支店に対して支払を委託するときに実益があり，引受済の自己宛手形が多いということである。

また，振出人と受取人が同一であってもよいとされている。

すなわち，手形の振出人は，上記のようにして手形を振り出すことができるが，振出人は，手形を作成した時点で，手形という有価物の所持者である。そして，この手形は，すでに，有価証券として存在している。したがって，振出人は，この手形という有価物をどのような方法で処分するも自由で，自己を支払人として記載することもでき，また，受取人と記載することもできる。

このようにして作成された手形は有効で，この有効な手形上の権利は引渡によって移転する。

2 支払指図説

この説は，為替手形の振出行為の本質をドイツ法上の支払指図（Anweisung）と考えた上で，

(1) 支払人に対しては支払人自身の名をもって振出人の計算において手形金額を支払う権限を付与し，

(2) 受取人に対しては，受取人自身の名をもって振出人の計算において手形金を受領する権限を付与する，

という，二重の権限の付与という点に特徴がある。

【コメント】

1）為替手形の本質を支払指図に求めることは必ずしも不当ではないが，しかし，手形の振出人が，手形を振り出した段階で，支払人は振出の事実を知っていない。まして，その手形には自分が支払人として記載されているこ

とも知らない。したがって，振出人が支払人に宛てた支払委託の意思表示も，まだ，支払人に届いていない。

すなわち，支払人は，自己に対して引受のための呈示があるまでは，自己が支払人であることを知らない。

したがって，手形の振出行為を支払指図でもって説明することはできない。

2）さらに，また，手形の振出が，支払人には支払う権限を，受取人には受け取る権限を，それぞれ付与するというのであるが，この二重の権限の付与は，権利ではなく，単に権限というのであるから，ここから，経済的価値が発生するということは考えられない。

3）なお，ドイツの学説であるが，最近の学説は，支払指図に重点をおいていない。

シェーンレエ（Schönle. ibid. p.188）は，為替手形を債務法的有価証券と定義し，次の通り述べている。

A．為替法（Wechselgesetz）1条は，振り出される手形の内容について，ドイツ民法（BGB）783条に規定する支払指図（Anweisung）に非常に近いものを定めている。

B．為替法75条は，法律要件を記載した手形の内容に関して，ドイツ民法780条に規定する抽象的支払債務に近い規定を設けている。

C．さらに，為替手形の振出（その引渡）と引受につき，それぞれ，独自の支払義務が規定されている（為替法9条）。

D．したがって，それに相当する権利は，証券の所持なくして行使することができないため，為替手形は，債務法的有価證券である，

というのである。

また，ヴィーデマン（Wiedemann, ibid., p.9）は，次のように述べている。

すなわち，手形の支払人および振出人に対する様式化に関して，さらに，その度に，十分な記載がなされなければならないが，このことによって容易に流通を促進し，為替手形上の請求権の実現に奉仕するのである，

と説明している。

したがって，ドイツでは，現在，誰も為替手形の振出が，単純に支払指図であると考えていない。

4）支払指図説では自己宛手形を説明することはできない。

支払の指図には，支払指図をする者と，支払の指図を受ける者の合意が必要である。しかるに，為替手形は，振出の段階では，この合意はまだ存在しない。

さらに，自己宛手形では，支払の指図をする者と，支払の指図を受ける者が同一であるから，実質的に支払の指図は存在しないということになる。

この見解では，自己宛手形を説明することができない。

3　支払の委託を受取人に対する授権であるという見解

支払の委託は，支払人に対して向けられたものであり，受取人に向けられたものではない。したがって，振出人が支払人に支払の委託をしたからといって，受取人に手形金の受領権限を与えたことにならない。

なお，この見解に従うと，為替手形には，

① 引受を法定条件とする支払人に対する支払請求権

② 引受の拒絶，支払の拒絶による遡求権

という2個の請求権が含まれていて，手形の所持人は，いずれの権利をも選択して行使できるというのである。

しかし，手形行為は一方的法律行為であって，これに条件，期限を付すことはできない。

それにも拘らず，この見解は，権利のあることを証明しようとしているのであって，その努力は評価されるべきである。

なお，この見解によると，自己宛手形の説明はできない。

また，同時に，振出人が受取人になる自己受手形の説明もできない。

Ⅲ　約束手形・為替手形・小切手（各論）

4　為替手形には，支払受領権限のほか，振出人の効果意思を基礎とする償還請求権も表章されているという見解

1）しかし，支払受領権限は，手形の所持人が支払人に対して有する権限であって，この権限は支払人が引き受けない限り権利とはならない。また，支払人が引受を拒絶したときは，この権限は消滅する。

支払受領権限といっても，実際には権利ではなく，支払人が自発的に支払うときはそれを受領することができるという意味であるにすぎない。

しかも，手形支払人は，引受のための呈示があるまでは，自分が支払人になっていることを知らないことが多い。

したがって，支払受領権限といっても，振出人が一方的に記載したものであり，具体的権利ということはできない。

2）また，振出人の効果意思を根拠に償還請求権を根拠付けようとする部分であるが，効果意思の内容が明確でなく，また，効果意思からなぜ償還請求権が発生するのか不明である。

さらに，効果意思を根拠にすると，振出人に効果意思のあるときとないときがあり，法律関係が明瞭でなく，またさらに，振出人は，その意思により振出人としての義務を免れることも可能になる。

しかし，手形法は，

　「振出人ハ，引受及支払ヲ担保ス。

　振出人ノ引受ヲ担保セザル旨ヲ記載スルコトヲ得支払ヲ担保セザル旨ノ
　　一切ノ文言ハ之ヲ記載セザルモノト看做ス」（手形法9条1・2項）

と規定している。

したがって，効果意思による償還義務の根拠付けも不可能である。

3）また，この見解は，手形の振出については，無因性を採用し，譲渡については有因性を主張している。

しかし，この見解は誤りであって，批判されてしかるべきであるが，後に，説明する，「前田庸『手形法・小切手法入門』を批判する」を参照されたい。

§3　為替手形の振出の要件

　為替手形は，厳格な要式証券で，その記載事項は法律で規定されている。すでに，ある程度説明したが，ここでは，若干，問題になる点を指摘したい。

1　為替手形の作成（創造）
(1)　支払をなすべき者の名称
　支払をなすべき者というのは，支払人のことである。その名称は，氏名，雅号，商号によってできる限り特定しなければならない。

　なお，架空の名称でもよいとされている。架空の場合，手形の所持人が支払人に手形を呈示して引受を求めようとしても，支払人は存在していないため，引受を求めることはできない。

　自己宛手形（振出人が支払人を兼任する）も，自己受手形（振出人が受取人を兼任する）も認められる。さらに，振出人，支払人，受取人が同一であってもよいとされている。これを説明できるのは，手形の振出行為に関する創造説だけである。

(2)　支払人の複数記載
1）重畳的記載：所持人の利益を損なわないため有効である。
2）選択的記載：権利の内容が不確定になるから認められない。
3）いずれか不明のときも選択的できめられないと解すべきである。
4）引受に関してはその一人に呈示すれば有効である。
5）支払については全員に呈示しなければならない。支払拒絶による遡求権の行使は全員が拒絶したときに認められる。

(3)　満　　期
為替手形について4個の満期がある。
1）一覧払：手形の所持人が支払のため呈示したとき満期が到来する。
2）一覧後定期払：引受の日または支払拒絶証書の作成日によって決まる。
3）日付後定期払：振出の日から一定期間経過した日

4）確定日払：一定の日が満期である。

さらに、満期については先に述べたところを参照されたい。

(4) 支 払 地

支払地の記載のないときでも、支払人の名称に肩書地の記載のあるときはそれによる。為替手形は、異地払が原則であるため、振出人の住所が支払地と看做されることはない。

(5) 支払を受けまたは支払を受ける者を指図する者の氏名

すでに述べた通り、自己受手形も許される。

(6) 振出地の記載のないときは、振出人の名称に肩書地の記載があれば、これが振出地と看做される。

(7) 振出人の署名（これによって証券に価値が与えられる）

(8) 特別の記載事項

手形に法定事項以外の事項を記載したとき、有効のときと無効のときがある。したがって、これらについて説明する。

1）有益的記載事項

これは、記載されると有効と認められる事項である。

支払人の肩書地、振出人の肩書地、第三者方支払文句、利息文句、引受無担保文句、裏書禁止文句、引受のための命令または禁止、拒絶証書作成免除、戻手形の振出の禁止、予備支払人の指定などである。

2）無益的記載事項

手形法の要件以外の事項を記載することができるかという問題であるが、手形全体に影響を及ぼすような事項を記載することは許されない。

したがって、当事者間で了解のあった事項を手形に記載することができ、これは人的抗弁になるという見解があるが、これも認められないであろう。

なぜならば、手形に法定要件以外のものを記載することを許すとき、これを記載した当事者の間では事情が分かっているから問題ないが、しかし、それ以外の第三者には全く事情を把握することができない。そして、例えば、多数の人々が、手形にそれぞれ、思い思いに勝手なことを記載するとき、手

形の内容が不明確になり，取引の安全を害することになるので，かかる記載は認められない。

したがって，むやみに，無益的記載事項を認めるべきでない。

3）有害的記載事項

手形法は，「一定ノ金額ヲ支払フベキ旨ノ単純ナル委託」（同法1条2号）と規定している。したがって，これに反する記載は一切無効である。

商品の受領，請負工事の完成，資金の制限，支払方法の制限など，単純なる委託に反する記載であるから無効である。

このようにして，手形関係を実質関係と結合することが有害的記載事項であるとすると，手形の譲渡行為を有因として原因関係と結合する見解は到底受け入れることができない。

2　為替手形の引渡

手形の振出人が，手形要件を具備した手形を作成し，これを受取人に引き渡すことによって手形証券上の権利は受取人に移転する。

為替手形は，すでに述べたように，振出人が手形に署名することによって手形金の支払が保証されることとなり，ここに，振出人の債務が確定する。そして，この債務から償還請求権が発生し，この権利は証券に化体され，証券は価値を持つことになり有価証券になる。

手形の引渡は，手形上の権利を，譲渡する当事者間ばかりでなく，それ以外の総ての第三者に対しても譲渡されたこととなる対世的効力を有する。

このような譲渡方法を採用することができるということは，譲渡行為を実質関係と無因とすることによってのみ可能であって，有因の場合は，その法的効力は譲渡当事者間に限定され，第三者の関係では認められないため，不可能である。

Ⅲ　約束手形・為替手形・小切手（各論）

§4　裏　　書

　裏書は，手形の所持人が，手形の裏面に被裏書人の名称を記載し，手形を被裏書人に引き渡すことによって手形上の権利を被裏書人に移転することができる。
　裏書人は，引受と支払を担保すると決められている。
　引受を担保するというのは，支払人が引受を拒絶したとき，裏書人は遡及義務を負担し，手形金額を支払わなければならないということである。
　また，手形を引き受けた引受人が手形金額を支払わなかったとき，裏書人が遡及義務者として手形金額の支払義務があるということである。
　しかし，裏書人が無担保文句を記載したときはこの義務を免れる。
　裏書の連続，形式的資格の付与については，約束手形に記載したところと同じである。

§5　引　　受

　為替手形に記載されている支払人は，振出の段階では，まだ，自己が支払人になっていることを知らない。したがって，手形の所持人は，手形を支払人に呈示し，支払人に手形上の債務を負担してもらう必要がある。これが為替手形の引受の制度である。
　したがって，引受は，手形上の債務を負担するための単独の意思表示による手形行為である。そして，手形法は，引受自由の原則をきめている。

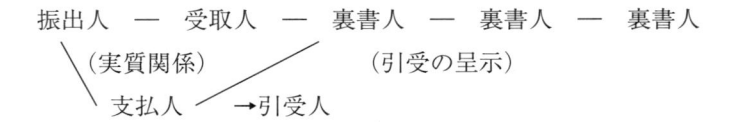

```
　　　振出人 ― 受取人 ― 裏書人 ― 裏書人 ― 裏書人
　　　　＼（実質関係）／　　　　（引受の呈示）
　　　　　＼支払人／→引受人
```

　ところで，振出人が，ある人を支払人に指定するのは，例えば，振出人が

ある人に商品を売却し代金債権を取得したからである。

振出人は買主より直接代金の支払を受けないで，その代わりに，買主を支払人とする為替手形を振り出すことになるのである。

この振出人と支払人の間に存在する実質関係は，手形外の関係であって，手形上に表示されない。

1　引受の呈示をする者

手形の正当な所持人または単なる占有者（手形法21条）

手形の正当な所持人が引受のための呈示をするのは当然であるが，手形の占有者も呈示することができるのは，引受が，支払人の一方的法律行為によってなされ，第三者の介入を必要としないからである。また，単なる占有者に呈示することを認めても，手形債務者にとっても，手形の所持人にとっても，不利益はないからである。

2　呈示の時期

満期の前日までできる。しかし，満期が過ぎても，引受をすることは可能である。

この場合，引受による遡求権を失うだけである。

しかし，引受による遡求権は失うが，支払拒絶による遡求権を失うことはないから特に問題は生じない。

これに対して一覧払の手形では，原則として，振出日から1年以内に呈示することが義務づけられているため，この期間を徒過すると，引受拒絶による遡求も，支払拒絶による遡求も共に認められない。

3　呈示の場所

支払人の住所と決められている。手形に記載されている支払地，支払場所は，支払呈示のための記載であって，引受呈示のためのものではない。しかし，営業所があれば営業所で，また，住所も営業所もないときは居所で呈示

Ⅲ　約束手形・為替手形・小切手（各論）

すべきである。

　為替手形の記載方法として，振出人は，支払人に対し，受取人またはその指図する者に支払を委託するから，支払人の住所は必ず記載されている。

4　期　　間

　期間は，呈示をされた日と次の日の2日間である。

　引受自由の原則により，手形の所持人は何時でも手形を引受のため呈示することができる。引受のため呈示された支払人は，振出人に照会したり，資金の準備をしなければならない。したがって，無用な償還をしないようにするため，呈示の日と次の日の2日間の期間が与えられている。

　　第1日目：引受のための呈示が拒絶された時，引受拒絶証書を作成する。
　　　　　　さらに，翌日の呈示が求められた時，この拒絶証書に第2の
　　　　　　呈示の請求があった旨を記載する。
　　　　　　引受拒絶証書は一旦持ち帰る。
　　第2日目：2度目の引受のための呈示がなされ，第2の引受拒絶証書が
　　　　　　作成される。このようにして，2個の拒絶証書が作成されて
　　　　　　初めて遡求できる。

　償還義務者が，第1の呈示はあったが，第2の呈示がなかったと主張するには，第1の拒絶証書に第2の呈示の請求のあったことの記載がないということが必要である。

　第1日目が引受呈示期間内であれば，第2の呈示が期間後であっても問題はない。

5　方　　式

　方式というのは，引受をするための方法で，正式引受と略式引受がある。
　　正式引受：手形の表面に「引受け」と記載して署名し手形を返還する。
　　略式引受：支払人が手形の表面に署名するだけである。
(1)　単純引受：これが原則である。

(2) 不単純引受：金額についてのみ有効である。

　不単純引受というのは，異なる満期や異なる支払地を記載したとき，その文言にしたがって効力を認めようという見解であるが，不単純引受も引受の拒絶になるため遡求権を行使することができる。しかしながら，この不単純引受には次のような問題が存在する。

　例えば，手形が，　A—B—C—D—E—F　と移転し，
　　　　　　　　　　　　　／　引受の呈示
　　　　　　　　　G（支払人）

　DがGに引受のための呈示をしたとき，Gは，満期を変更して不単純引受をしたとき，BとCはGの満期の変更を知らないため，Gの満期の変更はBとCに対しては手形の変造になる。

　したがって，ある教科書では，この不単純引受を認めるようであるが，このような場合はもちろんのこと，一般的に，引受は単純でなければならないため，不単純引受は認められない。

　ただし，手形金額については例外で，金額の一部の引受も認められているため，残余の部分については遡求することができる。

　手形金額の一部引受は，手形所持人の利益を考慮するものであって，手形所持人，遡求義務者の地位を損なうものではない。

6　引受日の記載

　一般に，引受日の記載は義務的ではない。しかし，一覧後定期払手形では，引受の日から一定の期間をもって満期日を決めるため，引受日の記載は必要である。

　また，引受のための呈示命令のあるときは，この命令に従ったことを明瞭にするため，引受日の記載は必要である。

　もっとも，拒絶証書の作成が免除されているときは，引受人に関する限り，引受の呈示の期間の末日に呈示したものと看做される。

そして，この末日を起点として計算した満期に手形を支払人に呈示して支払を受けることができる。

しかし，支払がなされなかったときは遡求できない。

引受人は，引受に際し，第三者方支払の記載をすることができるが，また，支払担当者を定め，その営業所または住所で支払という文言を記載することもできる。

7 引受人と支払人

引受は，支払人と記載された者がしなければならない。異なる者が引受行為をしても無効である。

ところで，支払人と記載されている者と，引受をしたものとの同一性であるが，形式的に決定しようという見解と，実質的に決定しようという見解がある。

  形式説：支払人の記載と，引受人の署名あるいは記名押印を対比して同一か否かを判断するというのである。外観から，両者間で，重要な点において共通であるというとき，同一人であるということができる。

  実質説：形式上異なっていたとしても，実質上，同一であるならば，同一であると認めてもよいというのである。

しかし，為替手形は有価証券で，流通を目的にするものであるから，形式説が正しいといえる。

8 引受の記載の抹消

引受は，支払人が呈示をうけ，それを受領して引受の署名をし，そして，手形を呈示者に返還するという手続を踏むことで終了する。

したがって，引受人は，手形を呈示者に返還するまでは引受の署名を抹消することができる。この場合，引受は拒絶されたこととなり遡求権が発生する。

なお，引受の抹消は，手形の返還前に抹消されたものと推定される（手形法19条1項）。

しかし，支払人が，書面で，所持人，裏書人に対して引き受ける旨の通知をしていたときは，その文言にしたがって責任を負担する。

9　引受の効果

支払人は，引き受けることによって手形金支払の債務を負担する。

この義務は，約束手形の振出人の義務と同様，第一次的で，最終的な義務である。

したがって，引受人は，手形の所持人が満期に適法な呈示をしなかったとしても，手形金の支払義務を免れない。

また，振出人や，裏書人が手形金を支払ったばあい，引受人は，これらの者に対して償還義務があるということである。その場合，手形金額だけではなく，手形金額に一定の額を付加して支払わなければならない。

§6　参　加　引　受

参加引受とは，為替手形の所持人が，満期前に遡求権を行使するとき，これを阻止するために第三者が引受の形式で手形関係に参加する手形行為をいう。

この制度は，手形の信用を維持し，遡求金額の増加を防ぐ目的がある。

1　要　　件

参加引受のできるのは，満期前に遡求できる一切の場合である。しかし，引受禁止の記載のある手形については参加できない。

また，手形の所持人は，参加引受を承諾するも拒絶するも自由である。これは，信用の低い者が参加引受をするのを防止するためである。

なお，手形に予備支払人（同地）の記載のあるときには，手形所持人は，

この予備支払人に対して手形を呈示して参加引受を求めなければならない。

予備支払人に対して呈示をしなかったり，参加引受を拒絶されたにもかかわらず拒絶証書を作成しなかったときは，その者に対し，また，その者の後者に対して満期前の遡求権の行使は認められない。

2 当事者

1）参加引受をする者

引受人以外の者であれば，誰でもできる。支払人，遡求義務者でもできる。

2）被参加引受人

手形上の遡求義務者またはその保証人である。

3 方式

参加引受をするには，被参加引受人を指示して参加引受人として署名する。被参加引受人を指示しないときは，振出人のために参加引受をしたものと解される。

4 効果

参加引受人は，手形の所持人および参加引受人より後者の裏書人に対して被裏書人と同一の責任を負担する。

支払に関して，手形の所持人は，まず，引受人に対して手形を呈示すべきである。

そして，拒絶された場合，手形法44条の規定（遡求の形式的要件）に従い，拒絶証書を作成し，そして，参加引受人に対して請求することができる。

参加引受は，手形の所持人および被参加引受人の後者の裏書人に対して満期前の遡求を阻止できるが，被参加引受人の前者の裏書人に対しては阻止できない。

§7 遡　　求

1　当事者
1）遡求権者：手形所持人，償還義務を履行した裏書人，保証人，参加支払人およびこれらの者の無権代理人である。
2）償還義務者：裏書人，その保証人，これらの者の無権代理人である。

2　遡求原因
遡求原因には，満期前と，満期における遡求がある。次に，分説する。
1）満期前の遡求原因
A．引受の全部または一部の拒絶
　　不単純引受，引受呈示命令のある手形の引受日の記載の拒絶も含まれる。
B．引受人または支払人の破産，支払停止，これらの者に対する強制執行の不奏功，和議，会社更生，整理，特別清算手続，民事再生手続の申立なども含む。
C．引受のための呈示を禁止した手形の振出人の破産
2）満期後の遡求原因
裏書の連続した手形の所持人が，満期に引受人に手形を呈示して拒絶された時である。
参加引受人については，引受人の拒絶について拒絶証書を作成して遡求できる。
3）再　遡　求
手形債務者が手形金を償還したとき，償還した手形債務者は，さらに，自己の前者の裏書人に遡求することができる。
4）遡求と手形債務者の合同責任
手形の所持人は，遡及に関して，自己の前者の裏書人など，すべての手形債務者に対し，同時，または，逐次，手形債務者の全部または一部について

遡求権を行使することができる（合同責任）。

3 遡求の通知

満期前の遡求にも，満期後の遡求にも遡求の通知は必要である。

所持人が遡求の通知をするときは，直接の前者ばかりでなく，振出人も含まれる。

4 一部引受のときの遡求

支払人が一部引受をしたとき，手形の所持人は残余の金額について遡求しなければならない。

そして，償還義務者が残余の金額を償還したとき，手形の交付を受けることができないため（手形金の一部が引き受けられ，満期に引受人に引き受けた金額の支払呈示のため），手形に償還した金額の記載することを請求できる。また，受取証書の交付請求もできる。

さらに，再遡求の必要から，手形の所持人に対し，手形の証明謄本および拒絶証書の交付の請求もできる。

§8 複　本

複本というのは，同一の手形上の権利を表章するため作成された数通の手形をいう。

相互に，正副の関係はない。為替手形上の制度で，約束手形には存在しない。

手形を引受のために呈示している間に手形で金融をする必要が生じたとき，遠隔の地に手形を送付するとき喪失の危険のため複本を用意するとき，などである。

1 複本の名称

したがって，複本には次の名称がある。

1）送付複本：引受のために送付するのを送付複本という。

2）流通複本：流通のために使用するのを流通複本という。
3）安全複本：手形を遠隔の地に送付するとき，経路，日時を異にして送付するとき数通の手形が必要である。このための手形は安全複本といわれる。

2　複本作成手続

振出人が数通の副本を作成することができる。

手形（複本作成禁止文言のないもの）の所持人は，自己の費用で，複数の手形の交付を請求することができる。

その方法は，手形の所持人は，自己の裏書人に請求し，裏書人はその前の裏書人に対して請求し，順次，遡って振出人に到達する。

振出人は，複本を作成し，これに署名し，受取人に引き渡す。受取人は，必要な裏書をなし被裏書人に引き渡す。かくして，順次，流通の順序にしたがって元の手形の所持人に到達する。

3　複本の同一性と番号

複本は，いずれも，同一でなければならない。

また，各複本には，番号を付さなければならない。番号を欠くと，それぞれの手形が独立したものとも看做される。6通の複本が番号を欠くとき，独立の手形が6通あるということである。

4　複本の効力

原則として，1通の複本に対してなされた手形行為は，他の複本に及ぶということである。

したがって，引受も1通に対してなされればよい。支払の呈示も，1通に対してするだけで十分である。裏書についても同様である。

しかし，手形金を支払った者が，支払った手形を回収する必要があるが，その他の複本も回収しなければならない。

Ⅲ　約束手形・為替手形・小切手（各論）

その他の未回収複本について，善意の第三者のいる時は，この善意の第三者は保護されるべきであろう。

なお，引受のため１通の複本を送付したときは，他の複本に送付先の住所，氏名を記載しなければならない。

第３章　小切手の特殊性

　小切手は，現金代用証券であるといわれている。したがって，小切手の法律関係も，小切手を所持していることは現金を所持していることと同様であるというように構成されなければならない。

　かつて，わが国の小切手法の下で，同じ会社の振り出した数十枚の不渡小切手を持っていて途方にくれている他の会社の社長がいた。

　どうしてこういうことが発生するのであろうか。おそらく，これは，詐欺になるのではないと考えられるが，警察は民事不介入の原則をとっているため，どうすることもできなかった。

　これは，約30年程前の話である。しかし，現在の小切手法は以前の小切手法と全く変わっていない。したがって，当時の問題が，現在でも，発生する可能性があるということができる。

　小切手は，現金代用証券であるということはすべての教科書に書いてある。しかし，実際にはそうでないということである。

　このような全く予期しないことが発生するのは，どこか法律に欠陥があるのではないかと考えられる。

　したがって，小切手法を研究するにつき，この問題を念頭に置いて考えなければならない。

　ところで，小切手の法律問題を検討するとき，それは，3個の基本問題に関係する。

　その１は，銀行制度に関することである。小切手の利用は，銀行の存在を

前提にする。したがって，銀行制度の研究を欠かすことはできない。

その2は，通貨に関する理解が必要である。小切手によって処分する通貨は，銀行の記帳通貨であるから，記帳通貨の理解が必要である。

その3は，有価証券の理論が必要である。しかし，わが国では，まだ，正しい有価証券理論は存在していない。したがって，真に小切手法を理解するには，まだ，多くの研究の余地が残されているといえる。

§ 1　振出の概念

小切手を振り出すには，顧客と銀行の間で，それに必要な準備行為をしなければならない。それには，3つのことが問題になってくる。

第1は当座勘定取引契約の締結，第2は，振出人と銀行の間の小切手契約の締結，第3は，銀行が，顧客に対して小切手帳を交付する，ということである（前述）。これを図式で表すと，およそ次のようになると考えられる。

　　　　銀行X　　　　←呈示　　　　　　　銀行Y
　　（当座・小切手契約）　　　　　　　　（取立依頼）
　　振出人A　―　受取人B　―　裏書人C　―　所持人D

銀行Xは，所持人Dに対し，Aの振り出した小切手が銀行Yを通じて銀行Xに呈示されたとき支払う旨Aに対して約束をしている。なぜならば，Aの振り出した小切手用紙は，すべて，銀行XからAに交付されたもので，X銀行は，この小切手を誰が呈示しても，呈示した者に対し小切手の支払義務をAに対して負担している。

すなわち，銀行Xは，Aの代理人として，銀行Xの交付した小切手を呈示する者に対してこれを支払う準委任契約上の処理義務があるということである。したがって，小切手の所持人が銀行Xに小切手を呈示することは，小切手の所持人が，Aの代理人である銀行Xに対して，Aの資金から自己に小切

Ⅲ　約束手形・為替手形・小切手（各論）

手を支払うという委任事務を処理してほしいと請求できる権利が有すると考えられる。

ところで，小切手の法律問題を考えるとき，小切手には，振出と，流通と，支払の3個の局面が存在する。したがって，小切手法も，この3個の場合に分類して考えることにしたい。

§2　振出の法理論

1　振出と有価証券性

小切手は，現金代用証券であると言われている。したがって，小切手の振出の理論もこれに沿って考えなくてはならない。

(1)　小切手を所持していることは現金を所持していることと同様である。

したがって，小切手を所持しているということは，小切手の振出人の銀行口座にある資金の上に処分権（disponibilità）を持っていなければならないということである。このため，資金は小切手の振出のときに存在しなければならない。

(2)　小切手の一覧性を考えるとき，小切手を振り出した直後に小切手の所持人が支払銀行に行って小切手を呈示して支払を求めたとき，小切手の支払のないときは不渡となる。

これを避けるためには，小切手の振出の時に資金が存在しなければならない。

(3)　振出人が小切手要件を記載して小切手を作成したとき（小切手の創造），支払銀行は振出人との間で締結した小切手契約によりこの小切手を支払う義務が存在する。

したがって，この振出の時点で，小切手の振出人である小切手の所持人は，支払銀行に対しこの小切手金額の支払請求権を取得する（支払請求権は支払義務から発生する）。

この請求権が小切手に化体されて小切手の引渡と共に移転する。

(4) 振出人の責任

小切手の振出人は，小切手要件を具備した小切手用紙に署名したとき，小切手金請求権は小切手に化体され，小切手の振出人は，この小切手金請求権を取得するばかりでなく所持人に対してはその支払を保証することとなる。

小切手法も，「振出人ハ支払ヲ担保ス振出人ガ之ヲ担保セザル旨ノ一切ノ文言ハ之ヲ記載セザルモノト看做ス」（同法12条）との規定はこの趣旨である。

2 振出の制限

(1) 小切手法第3条は，
1) 小切手の呈示のときに銀行に資金のあること，
2) 銀行と振出人の間で，振出人の振り出す小切手で資金を処分するとの明示または黙示の合意のあること，
3) 上記に反して振り出された小切手でも有効であること，

を定めている。

(2) しかし，手形法3条は次の理由により，不完全な規定であるといわざるを得ない。

1) まず，「小切手の呈示のときに銀行に資金があること」という部分であるが，これほど非論理的な規定は存在しない。

小切手は一覧性であり，何時でも呈示することができる。したがって，振出人から支払の委託を受けている銀行では，何時呈示されるか不明である。このため，呈示の時期の不明な時に銀行に資金がなければならないということは，確定できないことを規定したもので間違った規定である。ただちに改正すべきである。

なおこの規定によると，小切手の振出当時，銀行に資金のないことがあり，小切手は現金の代用であるという見解に答えることができない。

2) 小切手は現金の代用であるという見解に従えば，小切手を所持しているということは，現金を所持していることと同様でなければならない。

このため，小切手の一覧性を考えるとき，小切手を振り出した当時，資金が銀行になければならない（Yves Chaput, *ibid.*, p.125-126）。

さらに，ドイツ小切手法3条は，「小切手は振出人が資金を有する銀行に宛て振り出されなければならない」と規定している（Schönle, *ibid.*, p.107は，小切手はそれによって銀行の資金を移転する手段であるという）。

フランス法は，小切手の所持人は，小切手を支払うための銀行の資金の上に権利を持っているという制度を採用している。すなわち，小切手の所持人は，小切手上の権利として，この資金（Provision）に対する請求権を有し，小切手の移転と共にこの権利も移転する。

このようにして，小切手の所持人は，小切手の振出人の銀行預金の上に処分権を有するため，この資金の上に別除権を有し（この資金は小切手所持人のもの），他の債権者と共に平等の債権を有するわが国の場合と異なる。

3）小切手は実質関係の支払手段

小切手で売買代金を支払うときの法律関係を考えてみることにしたい。

売買契約によって，売主には，売買の目的物の所有権と占有権を買主に移転する債務が発生する。

そして，買主には代金を支払う債務が発生する。

この代金を支払う債務の履行する方法は，

A．現金で支払うこと，

B．銀行振込で支払うこと，

C．小切手で支払うこと，

である。

このようにして，小切手で支払うのは，代金債務の履行の方法である。

大多数の学説が，小切手による支払は，債務の本旨にしたがった提供であるか否かということで議論しているが，これは誤りであると思われる。

なぜならば，売買代金は小切手で支払うと決められたとき，現金による支払も，銀行振込による支払も共に第2次的なものになる。

したがって，売主は，小切手により代金を回収しなければならない。

すなわち，小切手を交付（正確には引渡）するということは，代金債務の履行方法であり，小切手の振出には，債務の履行という実質関係が必要であり，しかも，実質関係とは無因であるということである。

§3　振 出 行 為

振出行為に必要なことは，小切手能力，小切手の作成，小切手の引渡である。

1　小切手能力

小切手能力とは，小切手を振り出す能力ばかりでなく，銀行と当座勘定取引契約を締結する能力，小切手契約を締結する能力も含まれている。そして，これらの能力について民法の一般原則が適用される。

したがって，小切手を振り出すことのできるのは成年者でなればならない。

未成年者が営業を許可された場合，その範囲では成年者と同一の能力を有することになり，この場合には小切手取引ができるということになる。

法律的には，親権者の同意書が必要である。

禁治産者，準禁治産者の場合，これらの者の行った行為は，いずれも取り消すことができるため，小切手取引というような商行為には向かない。

したがって，小切手能力はないというべきである。

会社は一般に小切手を使用することができる。

設立中の会社が小切手を使用することができるかという問題があるが，設立中の会社の法的性質は設立を目的とする発起人組合であり，この発起人組合が小切手を振り出すことができることについては問題がない。しかし，どのような形式で小切手を振り出し，その結果，小切手に署名したものだけが責任を負担するのか，あるいは，組合員全員が発起人として責任を負担するのかという問題が生じる。

最高裁判所の判例は，3名の裁判官の多数意見と，2名の裁判官の少数意

Ⅲ　約束手形・為替手形・小切手（各論）

見に分かれている（組合の手形振出について，最高裁昭和36年7月31日，第2小法廷判決．民集15巻7号1982頁）。

　多数意見は，組合の資産は，積極，消極ともに組合の合有に属するという見解から，組合員の一人が組合の代表の名称で小切手を振り出したとき，この小切手行為によって発生する債務は組合員全員が負担するというのである。

　これに対して，少数意見は，小切手に署名しないものは責任を負担することはないという見解を述べている。

　フランスの判例は，小切手用紙の交付に関する条件は，まず第1に，発起人全員の各自について充足されなければならないというのである。

　また，フランスでは，小切手の振出に実質関係（Provision）が必要であるが，フランスの判例は，小切手の振出時と会社の設立登記までの間に実質関係が存在しないときは銀行が責任を負担すべきであると判示してきた（Chaput, *ibid.*, p. 123-4）。

　したがって，フランスの判例は，わが国の最高裁の少数意見に該当するということができる。

2　小切手の作成（創造）

　現在では，小切手用紙は銀行から交付されるため小切手要件が欠けることはないが，法律上は，紙片に法律の定める一定の要件を記載することによって小切手を振り出すことができる。

(1)　その要件は次の通りである。
1 ）小切手文句：標題のことで小切手であることを示す文言。
2 ）小切手金額：支払うべき金額の表示。
3 ）支払委託文言：小切手の振出人が小切手の所持人に対し「小切手金額を支払ってください」という委託文言。
4 ）受戻し文言：「この小切手と引換に」…支払ってくださいという文言。
5 ）支払人：(a)振出人の取引のある銀行で，振出人の資金を保管し，小切手の支払を担当する銀行のこと。

(b)支払人は原則として銀行であるが，郵便局，信用金庫，農業協同組合でもよいとされている。

(c)支払人は，振出のときに支払のための資金を保管していなくてはならない。

(d)支払の時に支払人が資金を保管していなければならないという小切手法3条の規定は，小切手の一覧性を考えるとき，まったく理解に苦しむ規定である（既述）。

(e)自己宛小切手の振出も認められる。自己宛小切手の振出が認められるのは，創造説によってのみ説明することができる。すなわち，振出人は，小切手という有価証券を創造したのであって，この有価物は振出人の所有物である。したがって，振出人は，必要があれば，自己の所有物に自己宛の記載ができる。

(f)支払指図説（自己が自己に対して指図する），支払受領権限説（自己宛の振出を説明していない）もこの小切手の振出を説明できない。

(g)また，支払銀行が自店あてに小切手を振り出すことができる。

この小切手は預金小切手（預手）といわれる。これは，支払銀行が小切手を振り出すということであって，支払銀行が小切手を創造するのである。

6) 支払地：(a)支払を担当する銀行の所在地のことで，東京都では区まで表示すればよい。

(b)支払地の記載のないときは，支払人の名称に記載された肩書地による。この記載もないときは振出地による。

7) 持参人払文句：「持参人へ」支払うよう委託すること。支払人は小切手を持ってきた人に支払うということである。

8) 振出日：(a)小切手の支払のための呈示期間は振出日から10日間である。

つまり，10日間だけ流通が認められるということである。したがって，振出日の記載は必要である。
(b)先日付小切手も認められる。先日付小切手というのは，現実に振り出された日が平成14年1月15日であるにも拘らず，これを平成14年2月15日と記載することである。
(c)現実の取引では，先日付小切手はしばしば用いられている。取引の代金決済の延期のために用いられる。
(d)小切手の所持人は，振出日として記載されている日まで小切手を振り込まないという商慣習ができている。
(e)しかし，振出日以前に小切手を支払のために呈示したときはこれを支払わなければならない。小切手の一覧性が優先される。すなわち，先日付小切手は完全に有効である。
9) 振出地：振出地の記載のない場合は，振出人の肩書地による。
10) 振出人の署名：振出人の署名によって紙片は有価証券になる。振出人の小切手金の償還義務が発生するからである。
11) 線引：小切手に2本の線を引くこと。この場合，小切手金の受取人は銀行となる。
12) 小切手用紙番号その他

(2) 有益的記載事項

権利者の表示，裏書禁止文句，第三者方払文句，線引，拒絶証書不要文句，複本文句などがある。

1) 権利者の表示

受取人の記載をいう。しかし，受取人の記載のない小切手は当然に持参人払式であると看做される。

振出人が，自己を受取人と表示することができる。創造説で説明できる。

2) 第三者方払：(a)振出人が記載することができる。
(b)支払人が銀行であるから，第三者方は銀行でなければならない。

3　小切手の引渡

振出人は，以上のようにして作成した小切手を引き渡すことによって小切手上の権利を譲渡することができる。

すなわち，小切手は，振出人によって創造され，振出人は，このようにして創造された小切手を譲渡の当事者間ばかりでなく，それ以外のすべての第三者に対しても有効に譲渡されるということである。

したがって，この引渡は原因関係（当事者間のみを拘束する）とは無因で絶対的効力を有する。

§4　譲　　渡

小切手は，当然の指図証券である。したがって，小切手上にいかなる譲渡方法が定められても常に譲渡することができる。

1　小切手に記載される譲渡の方法

小切手に記載することのできる譲渡方法は次の通りである。

(1)　記　名　式

これは特定の人を小切手の受取人として記載することである。しかし，此の記載があったとしても，小切手は引き続き譲渡することができる。

(2)　指　図　式

「支払を受ける者を指図する者」という記載をいう（小切手法5条1項1号）。

(3)　持参人払式

小切手の所持人が正当な権利者であって，所持人は支払のための呈示をすることができる。

(4)　記名式で「又ハ持参人ニ」と記載してある場合

持参人払式小切手と解される。

(5)　受取人白地式

持参人払式小切手と解される。

Ⅲ 約束手形・為替手形・小切手（各論）

2 譲渡の方法

(1) 記名式，指図式
裏書で譲渡することができる。

(2) 持参人払式小切手
引渡又は裏書で譲渡できる。裏書人は裏書の責任を負担する。

(3) 記名式小切手で「指図禁止」の記載のあるとき
指名債権譲渡の方法で譲渡することができる。

3 裏 書

1）裏書は，振出人，債務者に対してもできる。
2）裏書は単純なことが必要である。
3）一部の裏書は無効
4）支払人に対する裏書も無効
　　小切手は現金代用証券であって，流通を目的としたものではない。したがって，支払人は，小切手を支払う職務を担当し，流通を目的として取得するものではないからである。
5）持参人払の裏書は，白地式裏書と看做されている（小切手法15条4項）。
6）支払人に対する裏書は，受取証書の効力しか認められない（同法同条5項）。
7）裏書が白地式の時，所持人は，
　A．自己または他人の名称をもって補充する。
　B．白地式または他人の名称をもって補充して小切手を譲渡することができる。
　C．白地を補充せず，裏書もしないまま譲渡できる。

4 裏書の効力

　A．権利移転的効力（小切手法17条1項）
　B．担保的効力（同法18条1項）

C．資格授与的効力（19条）

が認められる。

5　善意取得

　理由の如何を問わず占有を喪失した者があっても，小切手を取得した者は，持参人払式のときは占有により，裏書のあるときはその連続を証明することにより，権利を証明するときはこれを返還する義務はない（同法21条）。

§5　小切手保証および支払保証

　小切手には両制度が認められている。

1　小切手保証
　手形保証と同じである。しかし，引受の制度がないため支払人は保証することができない。また，この制度は，実際には全く利用されていない。

2　支払保証
　小切手には引受の制度がないため，銀行が支払債務を負担することはできないというのが一般の見解である。
　しかし，昭和23年頃，銀行の支払保証の偽造小切手が多数発見され，それ以後は，銀行の自己受小切手が発行されることが多くなった。
　一方で，小切手に引受制度を認めないということを強調しながら，他方において，支払保証を認めるのは矛盾しているといわざるを得ない。
　支払保証を認めるならば，被保証債務の存在が必要である。すなわち，銀行の小切手所持人に対する支払債務である。
　小切手は，現金代用証券であるという見解に立つと，小切手を所持しているということは現金を所持していることと同じでなければならない。
　小切手が単に手形金を受領する権限のみを表章するという見解では，小切

手の所持人は，何らの権利も有していないということになり，現金を有することと大きな相違があることを知らなければならない。

支払保証をするのは支払人である銀行である。

支払保証を請求できるのは，小切手の所持人である。

学説は，引受と区別するため，呈示期間内に呈示することを解除条件または停止条件付で支払保証を認めるというが，支払保証は単独の一方的な小切手行為で，これには条件，期限をつけることができないというのが法理論である。

したがって，この見解は法の根本原則に反し認めることができない。

しかし，実務上の問題であるが，所持人が支払保証人の責任を問うには，支払呈示期間内に呈示したことを拒絶証書で証明しなければならない。

その請求金額は遡求金額と同額であり，裏書人や振出人が遡求義務を履行したときは，その償還をしなければならない。

したがって，支払保証人の責任は，遡求義務者の責任であって，引受人のように絶対的な義務者ではない。

しかし，支払保証人は遡求義務者ではないため，拒絶証書作成を免除することもできず，時効期間も遡求義務者と異なる時効期間が法定されている。

§6 支　　払

小切手は，支払のための呈示をすることによって支払われる。したがって，まず，支払の呈示にいかなる法的効果が付与されているかを知らなければならない。

次に，小切手の支払は振出人が支払銀行に対して支払の委託をするという法律関係であるが，振出人にこの委託関係を撤回する制度が認められている。

これが委託の撤回である。

さらに，小切手の支払を確実にするため線引の制度が設けられている。

したがって，次に，これらの制度について説明したい。

1 支払呈示の効力

　小切手の適法な所持人が，小切手を支払銀行に呈示するとき，この呈示にいかなる法的効果が付与されるかという問題である。

　1）支払人の小切手支払義務

　まず，支払銀行は，小切手の呈示を受けたとき，振出人のために小切手を支払う委任事務を行わなければならない。すなわち，振出人の口座から小切手の額面金額を減少し，これを小切手の所持人の口座に加算し振り替えるという作業をしなければならない。

　この支払銀行の委任事務を実行するという作業は，振出人のためにのみ行われるのか，あるいは，小切手の所持人のためにも行われるのかという問題が生ずる。

　支払銀行は，小切手が呈示されると，まず，裏書の連続を調査し，小切手の外観から連続の具備の有無を調べなければならない。しかし，裏書の署名の真実性を調べる必要はない。

　支払銀行が振出人の署名の見本を保管しているとき，支払銀行は，振出人の署名をこの見本と比較して真偽を確認すべきである。

　また，小切手の所持人の名称が小切手に表示されているとき，この名称と所持人との同一性を調査しなければならない。

　しかし，所持人払式のときは小切手の占有者が適法な所持人であるから，この場合には調査する必要はない。

　このようにして，小切手を支払うための諸条件が満たされたとき，支払銀行は，小切手が呈示されたならば，この小切手を支払わなければならない（Chaput, *ibid.* p.155）。

　2）支払人の責任

　不当な支払の拒絶，または，支払の遅延はこれによって生じた損害を賠償する責任が発生する。

　3）支払を拒絶されたとき

　この場合には，遡求権を行使するため支払拒絶証書を作成しなければなら

Ⅲ　約束手形・為替手形・小切手（各論）

ない。

2　支払委託の取消

　小切手は，振出人が支払銀行に対し小切手の所持人に小切手金額を支払うよう委託する証券である。

　そして，小切手は，現金代用証券であるから，信用を与えることになる長期間の流通は考えられず，したがって，小切手の呈示期間は振出日から10日間と決められている。

　そして，この期間中は，支払の委託を取り消すことは許されない（小切手法32条1項）。

　支払の委託の取消は，振出人が，取引という原因関係上の理由から，小切手の支払をしたくないとき，小切手が盗難，遺失したときに行われることが多い。

　支払の委託の取消は，振出人が支払銀行に対してなす小切手外の意思表示であって，小切手上には表示されない。

　したがって，支払委託の取消がなされても，小切手そのものは完全に有効である。

　支払呈示期間中に支払の委託が取り消されてもこの取消は無効である。

　ところで，実務では，呈示期間中に振出人から支払の委託の取消がなされたとき，支払銀行は，振出人は顧客であるため，顧客の意思を尊重して，事実上，支払をしないという処置を取っている（支払銀行は小切手の所持人に対して何らの義務も負わないという見解）。しかし，この見解はすでに述べた通り誤りである。

　呈示期間経過後，支払の委託の取消がなされたにも拘らず，支払銀行が支払ったとき，振出人に対して責任を負担しなければならない。

3　線引小切手

　線引小切手というのは，小切手用紙の表面に2本の平行線を引いた小切手

をいう。

　平行線の引き方であるが，わが国では，小切手用紙の左上の角に斜めに引くことが多い。

　フランスでは，小切手の中央に，横に2本引くことが多い。

　フランスでは，線引をした小切手は普通郵便で送ることが多いが，線引のない小切手は書留郵便で送られることが多い。

　線引小切手には一般線引と特定線引がある。

　線引をすることができるのは，振出人と小切手の所持人である。そして，一般線引を特定線引にすることはできるが，特定線引を一般線引に直すことはできない。

(1) 一般線引小切手

　一般線引とは，2本の平行線の中に何も書かないか，あるいは「銀行」またはこれと類似の文字の書かれたものである。

　小切手に一般線引があると，小切手の所持人は，自分と取引のある銀行にしかこの小切手を持っていくことができない。

　すなわち，支払銀行の方から見ると，銀行または自行と取引のある者の持参した小切手しか受領することができないということである。

　ここで，銀行と取引があるということは，支払人である銀行と多少の継続的取引の関係にあるものを指し，当座預金，普通預金の預金者を指し，手形割引，手形貸付，証書貸付などの取引のあった者であるといえる。

　このような制限は，小切手が遺失，盗難にあったとき，その支払をチェックし，支払がなされた場合，不正な小切手の呈示者に対し求償することを可能にすることを目的としている。

　したがって，銀行と取引があるということは，呈示者が当該小切手を所持していることがもっともであるという事情がなければならず，したがって，預金はあるが素性が明らかでないとき，直前に小額の預金をした者，預金口座はあるが口座の出入のない者，たまに送金依頼をする者等はここにいう取引先ということはできない。

これは当然のことであるが、自行の本・支店の取引先は取引のある者ということができる。

(2) 特定線引小切手

特定線引のある小切手については、支払銀行は、線引の中に記載されている特定の銀行についてのみ支払をすることができる。

線引の中に記載されている特定の銀行が支払銀行であるとき、支払銀行は、自己の取引先にのみ支払をすることができる。

なお、特定線引に記載されている銀行が手形交換所の会員でないとき小切手の決済を受けることができないため、手形交換所の会員である銀行に取立を依頼することができる。その方法は、取立委任裏書をするか、取立のための特定線引をすることである。

数個の特定線引のある小切手は、原則として支払をすることができない。

すでに述べたところであるが、線引によって支払を制限しても、銀行が無制限に小切手を割引したり、取立の委任に応じたりするときは、この制限は効力がなくなるため、銀行が小切手を取得する相手を制限している。

ところで、線引小切手の制度を認めると、銀行と取引のない者は小切手の支払を受けることができない。

したがって、このような不便を排除するため、実際の取引では、振出人が届出印を小切手の裏面に押捺したときは、取引先以外の者に対しても支払うという慣行が行われている。

これら線引小切手の規定に反して支払をした支払銀行は、小切手所持人に対し損害を与えたり、損害が発生したときは、小切手金額を限度として損害を賠償しなければならない（無過失責任）。

この他に、債務不履行、不法行為のあるときは、それぞれ、法律上の責任を負担する。

4 遡 求

小切手の場合、遡求できるのは、支払の拒絶の場合だけである。

引受の制度もなく，また，一覧払のため満期前の遡求もない。

遡求のための形式的要件としては，小切手の呈示，これに対する拒絶の事実を支払拒絶証書で証明することであるが，小切手では，このほかに，次の2つの方法が認められている。

(1) **支払人の宣言書**：小切手に支払のための呈示の日と支払のなかったことを記載し，かつ，日付を付した支払人の宣言書
(2) **手形交換所の宣言書**：適法な時期に呈示されたが支払がなかった旨の宣言書で，日付の記載を要する。

なお，線引小切手について，取引先以外の者から支払の呈示があり，支払人がこれを拒絶したときは遡求の問題は生じない。

5 利得償還請求権

約束手形に関連して説明した（133～137頁）。

(Annexe)
前田庸『手形法・小切手法入門』を批判する

1 前田説

この学説は、東京大学教授鈴木竹雄の学説を承継したもので、要するに、手形・小切手の発行行為は無因であるが、譲渡行為は有因であるということである。すなわち、

(1) 「手形債務負担行為は、手形交付の原因となった法律関係——これを原因関係という——の無効、取消、解除等、手形外の法律関係による影響を受けない行為である。このことを、手形債務負担行為は無因行為である（手形債務負担行為の無因性）という。このように手形債務負担行為を無因と構成するのは、手形法17条の人的抗弁切断の効果を説明するためである。」（前田庸『手形法・小切手法入門』昭和58年、38頁）

(2) また、さらに、「従来は、手形行為は一般に無因行為と解されてきたが、近時、そのように解することに疑問を呈し、手形権利移転行為は有因であると解する見解が有力になってきた。

それは、次のような問題につき妥当な結論を導くためである。すなわち、AがBを受取人として約束手形を振り出し、Bがこれをたとえば借金の担保のためにCに裏書し、この借金が返済された——したがって、BはCに対して、手形金の支払を拒むことができるだけでなく、手形の返還を請求できる——にもかかわらず、CがこのてがたをBに返還しないでAに対して手形金の支払を請求した場合に、AはBC間の原因関係が消滅したことを理由に、Cに対して手形金の支払を拒むことができるかという問題である。」（同上47頁）と言われるのである。

Annexe　前田庸『手形法・小切手法入門』を批判する

2　上記見解の批判

しかしながら，この見解については非常に多くの批判が寄せられることになると考える。そして，その批判というのは次の通りである。

(1)　手形債務負担行為は無因で，手形権利譲渡行為は有因であるとされるが，

1）手形債務負担行為はなぜ無因で，手形権利譲渡行為がなぜ有因であるかという理論的根拠を示されていない。

前田説によれば，無因は手形法17条の人的抗弁の切断を説明するためであるといわれ，有因は，原因関係が消滅した場合の説明のために主張されるようである。

しかし，この見解は手形について統一の理論を放棄するものであって，法律理論ということはできない。

しかも，一方では無因，他方では有因ということは，法律関係を複雑にするばかりであって，到底採用することのできないものである。

2）また，手形の振出行為も，手形権利譲渡行為も，共に手形債務負担行為であって，そこに差異はない。

これをことさらに異なるとする見解は，独自の見解であって，単なる思い付きにすぎない。

(2)　さらに議論を押し進めると，前田説は，そもそも，無因，有因の法律上の真の意味を理解しておられないのではないかと考えられる。

そして，さらに，無因・有因と関係して不当利得の本質の理解も不十分であると考えられる。

したがって，若干重複するかも知れないが，次に，無因，有因，さらに不当利得について説明することにしたい。

3　無因の本質

まず，ダイヤを1個，代金100万円で売買する契約を締結したとき，この契約の効力により，売主はダイヤの所有権と占有権を買主に移転する債務を

Annexe　前田庸『手形法・小切手法入門』を批判する

負担する。これに対し，買主は代金100万円の通貨を売主に移転する債務を負担する。

　ところで，物権変動に意思主義を採用するときは，ダイヤの所有権を移転する物権的意思表示は，売買契約の意思表示と混ざりあい，結合して売買契約の影響を受けることとなる。

　したがって，この場合，ダイヤの所有権は，売買契約の所有権を移転しなければならないという債務の効果として移転することとなる。

　しかしながら，ここに，重大な問題が生じてくるのである。

　ダイヤの所有権は，ダイヤの所有者にダイヤを排他的に支配する絶対的支配を認める権利であって，すべての第三者に主張できる権利である。

　ところで，所有権を移転する債務の効力は，契約であるため，契約当事者のみを拘束する相対的債務であって，このような相対的債務で絶対的な権利を移転することができるかという問題に遭遇するのである。

　しかも，所有権の移転は，意思のみによるとすると，ダイヤの所有権は契約によって移転するが，この所有権の移転は，売買当事者間だけのもので，それ以外の第三者はまったく関係がないことになり，結局，引渡をもって対抗要件にするという結果になる。そして，ダイヤは引渡をしない限り，ダイヤの所有権とダイヤの所在が異なる。

　この困難な問題を解決するため，ダイヤの所有権の移転を債務の効力から解放して無因とし，所有権の移転は債務の効力とは独立した物権契約によって移転するという方法が考えられた。

　その方法というのは，所有権の移転は，売買契約の当事者ばかりでなく，すべての第三者に対しても為されなければならないということである。

　それには，所有権は観念的な存在であり，有体物と異なり手に触ることも目で見ることもできない存在であるが，無体物である所有権と占有が結合し，占有のあるところに所有権があり，占有が移転するときは所有権も移転するとすると，所有権の存在と移転は，占有によって所有権利移転の当事者ばかりでなく，すべての第三者に対してもこれを確知することができるため，物

185

権変動の当事者ばかりでなく，すべての第三者に対しても絶対的に所有権を移転することができる。

したがって，この場合，所有権を移転する物権契約は，原因行為である売買契約（契約当事者のみを拘束する相対的効力しか有しない）から分離独立し，これを無因としなければならない。

かくして，所有権は占有と結合し，売買の当事者間ばかりでなく，すべての第三者に対しても有効に移転するのである。

したがって，この場合，売買による二重譲渡は存在しない。

4　有因の本質

所有権の移転は，意思表示のみによるという制度である。ダイヤの売買で，売主は，所有権と占有権を移転する債務を負担する。また，売主と買主は，ダイヤの所有権を移転する合意をする。そして，通常，所有権移転の合意は，売買契約の合意の中に含まれていると解される。したがって，売買契約を締結するとダイヤの所有権は，契約の所有権を移転しなければならないという債務の効力によって買主に移転する。

しかし，この所有権の移転は，所有権が目に見えない無体物であるため，契約の当事者でも見ることができない。しかも，所有権の移転は，契約当事者間においてのみ効力を有し第三者は関係がない。

したがって，第三者から見れば，当事者のみを拘束する売買契約によって所有権が移転したことは全く分からない。

このため，所有権は移転しているが，占有は移転していないという状態が生じる。

これでは，まず，所有と占有が一致せず，取引の安全を害する。

さらに，売買契約によって所有権が移転したことを第三者に知らせるには，占有を対抗要件にして，先に占有を取得したものが所有者であるということを主張できるということにしなくてはならない。

したがって，売買契約によって所有権が移転したときと，占有を取得して

対抗要件を具備したときとの間には時間的な間隔があって，その間所有と占有が一致しない。

このようにして，所有と占有が一致しないということは，取引の安全を害する。

さらにまた，売買契約が無効，取消になったとき，所有権の移転の原因となった「所有権を移転しなればならない」という債務が消滅するため所有権は復帰する。

この場合も，所有と占有が分離することとなる。

このようにして，所有権移転のための有因の理論は，手形・小切手のように迅速に大量に，かつ，確実に処理しなければならない有価証券については受け入れられない理論である。

5　不当利得と無因性

売買契約によって所有権と占有権を移転する債務が発生し，所有権は占有権と一緒に移転するという無因性理論にしたがって所有権を占有権と共に移転するという合意（物権法上の合意）をしたとき，所有権は譲渡当事者ばかりでなく，すべての第三者に対する関係でも移転することになる。この場合，原因行為である売買契約が無効，取消となった場合でも，所有権の移転は有効で所有権は復帰しない。

しかし，この場合，原因行為である売買契約が存在しなくなったのであるから，買主が所有権，占有を保持することは法律上の原因を欠くこととなり，ここに不当利得が発生する。

したがって，買主は，不当利得として所有権，占有を返還しなればならない。

6　不当利得と有因性

原因となる売買契約が無効，取消，解除になったとき，所有権移転の原因となった債務が消滅するため所有権は当然に復帰する。

Annexe　前田庸『手形法・小切手法入門』を批判する

しかし，占有は占有を返還する行為が必要であり，それまでは移転しない。したがって，ここにも，所有と占有の分離が生じる。

そして，この場合の不当利得は，所有権は復帰しているため，占有のみである。

7　前田説の欠陥

前田理論の欠陥は，手形の譲渡の当事者のみを考え，第三者に対する考慮は全く存在しない。それは，民法の物権変動の理論を全く理解せず，有因，無因の問題がどこから発生するかも考えず，ただ，結論だけを追ってきた結果である。

前田説の引用する前記の事例では，借金が返済されたならば，手形の振出人は手形の支払を拒むことができるというのであるが，これは，無因理論によって正しく説明することができる。

すなわち，原因関係が消滅しても手形の譲渡行為は無因のため何らの影響も受けない。

しかし，手形の振出人は，手形の所持人に対して不当利得の抗弁を提出することができる。判例はこれを権利の濫用であるといって抗弁の提出を認めているのはきわめて正しい判断である。

無因性と不当利得の関係を正しく理解しないで，原因関係が消滅したときを無理に説明するために有因理論を持ち込むことは間違いである。

有因性の理論に従えば，手形は意思表示のみで移転し，手形の引渡は対抗要件になる。

したがって，対抗要件を具備するまでは，手形の権利と所在が一致しないという由々しき問題になる。第三者は，誰を権利者として考えてよいか分からない。

さらに，原因関係が無効，取消で消滅したとき，手形上の権利は有因的に元の手形所持人に復帰するが，手形の所在は復帰せず，ここに手形の権利と手形証券の所在の分離が発生する。この場合，原因関係の無効，取消，解除

は第三者には全く知ることのできない出来事であって，取引の安全を無視した理論ということができる。

　手形理論に有因性の理論を持ち込むことは，多くの先人たちが苦労して築いてきた学問を何らの根拠もなく破壊するもので，到底受け入れることのできない見解である。

文 献 目 録

マネー
A. E. Feavearyear, *The Pound Sterling*, 1931, Oxford
Arthur Nussbaum, *Money in the law national and international*, 2nd. 1950
牧瀬義博『通貨の法律原理』1991，信山社
飯塚一郎『外国為替』中央新書，1947

銀行
Carlo Folco, Il Sistema del Diritto della Banca:
    I   Cenni Storici. Concetti giuridici, L'Impresa di Banca 1968, Milano.
    II Documenti di Banca 1968, Milano.
Jean Rivoire, Histoire de la Banque, Que sais-je? 1992
エドウィン・グリーン，石川通達監訳『図説・銀行の歴史』1994，東京

ローマ法・民法
Gaston May, *Eléments de Droit Romain*, 1904, Paris
ミッシェル・ヴィレー，田中周友・赤井節共訳『ローマ法』文庫クセジュ，1965．
牧瀬義博『新しい民法』1992，信山社

手形・小切手法
裁判所書記官研修所監修『手形法小切手法講義案（6訂版）』平成13年，司法協会
後藤紀一『要論手形小切手法』1992，東京
手形小切手判例百選　第4版　1990，第5版　1997（ジュリスト別冊）有斐閣
Yves Chaput, "Effets de commerce", chèques et instruments de paiements. 1992, Paris
Giacomo Molle, *I Titoli di Credito Bancari*, 1972, Milano
René Rodière, "Droit commercial", Précis Dalloz, 1970, Paris
R. E. Speidel and S. H. Nickles, *Negotiable Instruments and Check Collection*, 1993, West Publishing Company
Herbert Schönle, *Bank-und Börsenrecht*, 2, Aufl. Mönchen
Herbert Wiedemann, *Wertpapierrecht*, 6, Aufl. Mönchen

事項索引

あ行

悪　意 …………………72, 88, 115-116
アムステルダム銀行 ………………27-28
アリストテレスの哲学 ………………2
異議申立提供金
遺　失 …………………69, 72, 77, 112, 178
異地手形 …………………………25, 27, 152
一覧後定期払…………61, 107, 145, 154
一覧払 …………55, 61, 107, 166, 145, 151
一般線引 ……………………………………176
一方的法律行為 ………5-6, 34-35, 40-41,
　　50-51, 63, 75, 87, 102, 149, 155
受取人…34-36, 43, 47, 48, 50, 63, 140, 146,
　　152-153
受戻証券性 ……………………………121
裏　書 ……19-26, 40-42, 51-53, 121, 174
　　――と実質関係 ………………47, 64
　　――と不当利得………………52, 64-65
　　――の偽造 ………………………67, 73
　　――の権利移転的効力 ……91-92, 174
　　――の資格授与的効力………92, 154
　　――の担保的効力……………92, 174
　　――の日付……………………………91
　　――の抹消 ……………………71, 94, 129
　　隠れた取立委任―― ………95-98
　　期限後―― ………………48, 100-101
　　記名式―― ……………………65, 90
　　質入―― ………………………98, 100
　　白地式―― ………65-66, 90-91, 174
　　取立委任―― ……………94-95, 180

　　無担保―― ……………………91, 154
　　戻―― ………………………………93-94
裏書禁止…………………………………91-152
裏書と引渡 …………47, 51, 63-64, 154
裏書の不連続……………………69, 71, 76
裏書の連続 ……49, 67-69, 71, 93, 97, 114,
　　132, 154
　　――と善意取得………………72-175

か行

害　意…………………50, 76-77, 79, 99, 103
買戻請求権 ………………………139-140
書替手形 ………………………………118-121
架橋説 ………………70, 92, 116, 130
確定日付 …………………………18-19, 100
隠れた質入裏書 ……………………100
隠れた手形保証 ……………………105
隠れた取立委任裏書 ……………95-98
為替手形………………………24, 36, 50, 142
　　――の意義……………………23, 36, 50, 142
　　――の裏書……………………………51, 154
　　――の作成……………………………50, 151
　　――の参加引受 ……………………159
　　――の小史……………………………24
　　――の遡求……………………………161-
　　――の引受……………………51, 154-159
　　――の引受人……………36-38, 51, 154
　　――の振出……………………50, 144-153
期限後裏書 ……………………100-101
記名式………………………………………90, 176
共同振出 ……………………………81-82

事 項 索 引

偽　造 …………………49, 75–76, 84–85, 92
　　——行為者の責任……………………84
　　——手形の追認 ……………………80, 84
偽造手形の支払の負担 …………………116
記帳通貨………………………3, 39, 53, 55, 165
記名式持参人払証券……………………20
形　相 ……………………………………2
拒絶証書の作成 …………………………124
　　——の実質的要件 ………………124
　　——の免除 ………………………124–125
金銭債権………………13–21, 43, 44, 62, 132
金銭債権の移転…………………………13–19, 64
　　ドイツ法（無因性）………………14
　　フランス法（有因性）……………16
　　日本法（有因性）………………17–19
金銭債権の証券化 ……………………19–21
　　記名式所持人払債権→………………30
　　指図債権→…………………………19
　　無記名債権→………………………30–31
契約説……………………………………46
原因関係……17, 45, 48, 62–63, 89, 97, 103,
　　　　　　137, 153, 173, 188
化体される……19–21, 34, 43, 62, 130, 145,
　　　　　　153, 166
ゲルダート ………………………………5–6
権　利 ……3, 14, 20–21, 32, 45–46, 48, 56,
　　　　　　88–89, 95–96, 101, 104, 128, 133, 134,
　　　　　　136–137, 145, 149, 153, 173, 188
　　——能力……………………………78
権利外観理論……………………………46
権利の濫用 ……………………103–104, 188
権利を含む紙片の意味 …………………33–39
　　為替手形→………………………36–38
　　小切手→…………………………38–39
　　約束手形→………………………33–36

更改契約 ……………………………120–121
合同責任（債務）……7, 127–128, 161–162
抗弁の制限 ……………………49–50, 74–77
公示催告と除権判決 ……75, 90, 110, 130,
　　　　　　132
小切手 ………23, 29, 38–39, 53–54, 164
　　——に関する国際条約 …………31–32
　　——の経済的機能………………29, 164
　　——の支払 ………………………176
　　——の支払保証 …………………175
　　——の小史………………………29
　　——の譲渡 ………………………173–175
小切手の振出 ……………………53, 165–
　　——の保証 ………………………175
　　——の要件 ………………………170–171
小切手契約………………………………54, 166
小切手法3条……………………………55, 167–169

さ 行

債　権…………………………3, 13, 14–19, 145
債権は債務から生じる……33, 56, 62, 145,
　　　　　　153, 166
再遡求 ……………………………………125
債　務 ……………………………………4–7, 184
　　——の効力………………8, 9, 11, 44–45, 185
　　——の相対的効力 ……8, 15, 42, 44, 47,
　　　　　　185
債務負担の意思表示…6, 13, 19–21, 34–39,
　　　　　　40–41, 51, 63–64, 74, 79, 87, 90,
　　　　　　92, 102, 154, 184
先日付……………………………………54, 172
先日付小切手 …………………………172
指図禁止 ………………………………174
指図債権…………………………………19
　　法律上当然の指図証券 …………173

参加支払 …………………………122-123
参加引受 …………………………159-160
資　金……………………38, 39, 54, 167-168
自己宛小切手 …………………………171
自己宛手形 ………………………146-147, 149
自己受手形 …………………………151-152
時効の中断 …………………………132-133
質入裏書……………………………98-100
　　隠れた ……………………………100
実質関係…41-42, 44-49, 51-52, 62, 64, 70,
　　97-98, 105-106, 134, 137, 154, 169-170
支　払 …………49, 66-76, 105-117, 176-
　　——手続…………………………113
　　——の委託 …26-27, 30, 38, 50, 53, 145,
　　　170
　　——の委託の取消 …………56-57, 178
　　——の延期の合意 ………………117
　　——の時期 ………………………107
　　——の宣言書 ……………………181
　　——のための呈示………………106-
　　——の猶予 …………………117-121
　　満期日の—— ………………49, 107
　　満期前の—— ……………109, 117
支払人……50, 114-116, 145-150, 170-171
支払指図……………………26, 30, 61, 146-147
支払指図説 …………………………147
支払担当者 …………………………107
支払地 ……26, 60, 107-110, 152, 157, 171
支払呈示 ………49, 69, 105-113, 176-177
　　——の期間…………………56, 107, 135, 178
　　——の効果 …………………113, 177
　　——の時期 ………………………107
　　——の当事者 ………………106-107, 177
　　——の要件………49, 66-, 105-, 176-
支払場所…………60, 107-109, 124, 145

支払保証 ……………………………175
指名債権譲渡 ……13-19, 70, 94, 101, 174
　　無因による—— …………………14
　　有因による—— ………………16-17
十字軍………………………………24
償還義務者 …………………………134
　　——請求権 …………………133-134
除権判決の効力 ………………110, 131
署　名 ……34, 36, 50, 51, 62, 79, 146, 152
　　——の代行…………………………80
　　——の代理…………………………82
　　法人の—— ……………………80-82
署名（無権代理）の追認 …………84-85
所有権の移転 …6-11, 44-45, 63, 120, 168,
　　184, 187
白地式裏書………65, 71, 74, 90-91, 93-94,
　　101, 174
白地手形 ……………………………86-90
　　——と除権判決…………………90
　　——の権利行使 ………………89-90
　　——の成立要件 ………………86-88
白地補充権の発生 ………………87-88
　　——の譲渡 ………………………87-88
　　——の濫用 ………………………87-89
人的抗弁…49, 69, 75, 77, 79, 84, 89, 94, 97,
　　99, 101, 104-105, 117, 121, 129,
　　136, 138, 184
　　——切断の法則の否認 …………76-94
　　——における害意…………49-50, 75
　　——の定義 …………………75-77
線　引 ………………………………178
　　一般—— …………………………179
　　特定—— …………………………180
線引小切手 …………………………178
絶対的権利……………………8-9, 89, 185

195

事項索引

絶対的効力 …………………10, 42, 47, 89
善意取得 …71-74, 100, 131, 136, 174-175
善意取得者の免責 ………………72-74
占　有…8-9, 12-13, 44, 146, 148, 185, 188
送金為替…………………………………25
創造説…………34, 36, 62, 144, 151, 170
相対的効力…8-9, 10, 15, 18, 42, 44-45, 47, 132, 153
送付複本 ………………………………162
遡　求 ………………123-129, 155
　──原因 …………………161-162
　満期後の── …………………161
　満期前の── …………………161
　再── …………………………161
　──の通知 ……………………162

た行

第三者方払文句 ……………152, 158, 172
対世的効力 ……14-15, 44, 51, 62, 64, 153
通　貨 ……………………3, 24, 121-122
　金属── …………………………3, 24
　記帳── ………………3, 39, 55, 165
呈　示 ……………49, 66, 105-113, 177
　──の書替 ……………………181-121
　──の偽造 ………………………84-85
　──の偽造者の責任 ………84-85, 116
　──の原因関係→（原因関係）
　──の権利能力 ……………………78
　──の行為能力 …………………42, 78
　──の実質関係→（実質関係）
　──の引渡……43-44, 47, 51, 59, 63, 66, 90, 141
　──の表見代理 ……………………80
　──の振出 …………………39, 40, 59, 78
　──の変造 ………………………84-85

──の満期→（満期）
──の無権代理 …………………82-
手形学説の批判 …………45-47, 146-150
手形貸付 …………………………141-142
手形行為（裏書と）………40, 46, 51, 63
手形行為（振出と）………………40, 43, 62
手形行為（保証と）………40, 53, 102, 105
手形行為独立の原則……37, 41-42, 53, 76, 79, 103
手形行為の概念…………………………39
手形交換所 …49, 108, 110-112, 116-, 180
手形債務の合同責任→合同責任（債務）
手形行為の無因性 …………………41-42
手形行為の代理 …………72, 80-83, 94
手形保証 ……………………………102
　──の譲渡方法…………………………40
当座勘定取引……………………54, 113, 165
取立委任裏書……………………………94
　隠れた── …………………………95-96
取引先 …………………………178-179
取引停止処分 …………………112-113

は行

発行説 ………………………………45-46
引　受…………36-37, 50-51, 154-, 162
引受の呈示 …………………………155
　──自由の原則 ……………………154
日付後定期払……………61, 107, 114, 151
必要的記載事項 ……60, 78, 143, 170-172
表見代理…………………………………83
不完全手形………………………………87
複　本 …………………………160-163
物的抗弁……………………69, 75, 77, 112
不当利得…10, 12-13, 17, 45, 48-49, 51-52, 64, 76, 97, 104, 133, 187, 188

振出（約束手形）………43-46, 59-62, 78-
　──（為替手形）………50, 144, 151
　──（小切手）………53-54, 165-172
振出地 ………………60-61, 152, 178
振出日 ………………60-61, 135, 172
不渡処分 ………………………112, 141
不渡届 …………………………………112
法律行為 ……………………4-7, 127
　一方的── → （一方的法律行為）
　合同的── …………………5-6, 127
　双方的── …………………5-6, 127

ま行

満期における支払 ……………113-116
　──の満期の変更 …………117-118
　──前の支払 …………………117
未完成手形………………………………87
民法の基礎理論……………………1-21
　──の3分法 ……………………1-3
　──の3要素 ……………………1-3
無　因 …7, 9-10, 14-16, 41-42, 44-45, 47,
　51, 62, 64, 66, 89, 96, 118, 120-121, 139,
　150, 153, 183, 184-186
無益的記載事項 ………………152-153
無記名債権 …………………………20-21
無権代理………………75-76, 82-83, 92
　──行為の追認 ………………82, 84
　──人の責任 …………………………82
無権利の抗弁 …………68, 69, 77, 99
無体物 ………………2, 8, 13, 35, 186

無担保裏書 ……………………………75, 91
戻裏書 ………………………………93-94

や行

約束手形………………28-, 43-49, 59, 137
　──の裏書 ……………………47-49
　──の参加支払 ………………122-123
　──の遡求 ……………123-129, 161-162
　──の振出…43-47, 50, 59-63, 144-153
　──の保証 ……………………102-105
有　因 ……9-11, 13, 16-19, 118, 120-121,
　150, 153, 183, 186-187
有益的記載事項……………………91, 172
有価証券………32, 34-39, 50, 56, 59-, 130,
　145-147
　──の喪失に対する救済 ……130, 165
　──の有価の意味 …………32-33, 153
有価物 …34, 36, 42, 45, 62, 64, 87, 93, 113,
　119, 139, 147, 171
融通手形 ……………………………137-138
　──の抗弁 ……………………………138
有体物 ……………………………2, 35, 42
予備支払人 ……………………………159

ら行

利得償還請求権 ……………133-137, 181
　──の行使 ……………………………136
　──の成立 ……………………134-136
　──の譲渡 ……………………………136
流通複本 ………………………………163

〈著者紹介〉

牧 瀬 義 博（まきせ　よしひろ）

1930年12月生まれ
現職　弁護士
東京大学法学部卒。パリ大学法学部大学院卒。パリ大学ドクトラ。日仏法学会会員。アカデミー・エキスパート（ロンドン）会員
著書
『通貨の法律原理』1991年（信山社）
『新しい民法』1992年（信山社）
『マネーと日本の進路』1993年（信山社）

新しい手形・小切手法

2004年（平成16年）5月20日　第1版第1刷発行

著　者　　牧　瀬　義　博
発行者　　今　井　　貴
発行所　　信山社出版株式会社
〒113-0033 東京都文京区本郷6-2-9-102
電　話　03（3818）1019
ＦＡＸ　03（3818）0344
Printed in Japan

Ⓒ MAKISE Yoshihiro, 2004.　印刷・製本／松澤印刷
ISBN4-7972-9097-8 C3332

企業形成の法的研究	大山　俊彦著　一二〇〇〇円
会社営業譲渡・譲受の理論と実際	山下　眞弘　著　二六〇〇円
手形法・小切手法入門	大野　正道　著　二八六〇円
相場操縦規制の法理	今川　嘉文　著　八〇〇〇円
過当取引の民事責任	今川　嘉文　著　一五〇〇〇円
現代経営管理の研究	名取修一・中山健・涌田幸宏　著　三二〇〇円
税法講義（第二版） ――税法と納税者の権利義務―	山田　二郎著　四八〇〇円
国際商事仲裁法の研究	高桑　昭著　一二〇〇〇円
〈商法研究〉菅原　菊志　著	（全五巻セット）七九三四〇円

―― 信山社 ――